D0729263

Estula
et autres fabliaux
du Moyen Âge

Textes choisis

LE DOSSIER

Les fabliaux : des contes à rire

L'ENQUÊTE

**Comment se nourrissait-on
au Moyen Âge ?**

Notes et dossier
Hélène Maggiori-Kalnin
agrégée de lettres classiques

Collection dirigée par
Bertrand Louët

Sommaire

OUVERTURE

Qui sont les personnages ?........................ 4

Quelles sont les histoires ?...................... 6

Qui sont les auteurs ?........................... 8

Que se passe-t-il à l'époque ? 9

Estula *et autres fabliaux du Moyen Âge*

Les perdrix 12

Les trois bossus 16

Les trois aveugles de Compiègne 22

Le pauvre clerc 31

Le vilain au buffet 36

Estula 40

© Hatier, Paris, 2011
ISBN : 978-2-218-93975-4

* Tous les mots suivis d'un * sont expliqués dans le lexique p. 92.

Brunain, la vache au prêtre. 44

La vieille qui graissa la main du chevalier 46

Le prévôt à l'aumusse. 48

Le prêtre qui mangea les mûres. 52

LE DOSSIER

Les fabliaux : des contes à rire

Repères. 56

Parcours de l'œuvre 60

Textes et image 74

L'ENQUÊTE

Comment se nourrissait-on au Moyen Âge ?

Comment se nourrissait-on au Moyen Âge ?. 78

Petit lexique des fabliaux 92

À lire et à voir 93

Qui sont les personnages ?

Les personnages qui apparaissent dans *Estula* et les autres fabliaux sont typiques de la société médiévale, nettement répartis entre gens du peuple et classes privilégiées.

Les gens du peuple

LE VILAIN* ET SA FEMME
La femme est, en apparence, soumise ; en réalité, elle est souvent rusée et trompeuse. Son mari, le vilain, est un paysan qui peut être bien naïf.

LE PAUVRE ET L'INFIRME
Le pauvre est sans finesse mais plein de bon sens et de ruses. L'infirme n'attire pas la pitié, car son infirmité est considérée comme la manifestation d'une tare morale ; on se méfie de lui, l'imaginant simulateur et voleur.

Les classes privilégiées

LE NOBLE
Le noble apparaît peu mais représente la droiture et la justice.

L'OFFICIER SEIGNEURIAL

L'officier seigneurial abuse de sa fonction, est intéressé, déplaisant, injuste, égoïste...

LE PRÊTRE ET LE CLERC

Le prêtre est paresseux, gourmand et cupide. Le clerc* se montre rusé et sans scrupules.

Les autres personnages

CELUI QUI RACONTE : LE MÉNESTREL*

Il se définit lui-même dans *Les trois aveugles de Compiègne* : « Il met tout son art à imaginer les belles histoires (c'est-à-dire les fabliaux) que l'on raconte devant les comtes et les ducs. » Ces derniers lui font des cadeaux pour le récompenser.

LE BOURGEOIS

Le bourgeois apparaît comme un nanti qui ne mérite pas sa richesse, car il est souvent sot et peu généreux.

Quelles sont les histoires ?

Un schéma souvent identique

Les fabliaux présentent un monde dans lequel la ruse et la tromperie permettent au gentil opprimé (souvent pauvre) de triompher du méchant dominateur (souvent riche). Les histoires sont variées mais le fond reste : ainsi *Les trois bossus* qui présente un mari égoïste et jaloux et *Estula* qui conte la souffrance du pauvre en sont de bons exemples.

Les trois bossus

1. Par crainte de son mari bossu et jaloux, une femme cache dans des coffres des ménestrels bossus venus la divertir. Ils meurent asphyxiés. En échange d'une récompense, elle ordonne à un portefaix* d'aller jeter dans la rivière le cadavre d'« un » bossu.

2. Sa mission accomplie, le portefaix revient pour être payé. La femme lui présente alors le deuxième bossu mort, il croit que c'est le premier qui est revenu. Sans hésiter, il va le jeter à la rivière. L'histoire se répète pour le troisième bossu. Le portefaix, exaspéré, va jeter à l'eau ce mort tenace !

Estula

3. De retour de la rivière, il aperçoit un quatrième bossu qui arrive. Il pense que c'est le mort qui le nargue !...

1. Deux frères, dénués de tout, décident à la nuit tombée d'aller voler l'un un mouton et l'autre des choux chez un bourgeois. Entendant des bruits dans l'étable, le fils du bourgeois sort et appelle « Estula », son chien.

Estula ?

2. Le frère qui se trouve dans l'étable acquiesce. Le fils du bourgeois éberlué pense que c'est son chien qui a répondu. Le père, lui-même convaincu que son chien parle, envoie son fils chercher le prêtre pour exorciser l'animal.

3. Le fils revient, portant le prêtre sur ses épaules. Le frère qui coupe des choux voit une forme blanche et croit que c'est son frère qui porte un mouton...

Qui sont les auteurs ?

Les principaux auteurs connus

Les auteurs des fabliaux sont souvent anonymes, quelques noms sont cependant connus.

● JEAN BODEL (1165-1210)

Il est l'un des premiers auteurs de fabliaux et le mieux connu. Il vécut à Arras, où il fut d'abord jongleur, puis devint trouvère. En 1202, Jean Bodel contracta la lèpre et entra dans une léproserie où il mourut. Nous conservons neuf de ses récits : *Brunain, la vache au prêtre* est l'un d'eux.

● COURTEBARBE

C'est un auteur inconnu ; son nom est probablement un pseudonyme de jongleur. Nous conservons de lui le texte intitulé *Les trois aveugles de Compiègne*.

● DURAND

Nous ne connaissons que son fabliau intitulé *Les trois bossus*. Il semble être originaire de Douai en raison de la bonne connaissance qu'il paraît avoir de cette ville.

● GARIN

Il nous est seulement connu par la mention qu'il fait de son nom dans le fabliau intitulé *Le prêtre qui mangea les mûres*.

	1165	1174-1205	1210	1275-1280	1299
LITTÉRATURE	Naissance de Jean Bodel, dramaturge et auteur de fabliaux	Principaux écrits du *Roman de Renart*	Mort de Jean Bodel Villehardouin écrit la *Conquête de Constantinople*	*Le Roman de la Rose* de Jean de Meung	Joinville écrit *La Vie de saint Louis*

	1147	1180-1223	1226-1270	1291	1285-1314
HISTOIRE	Deuxième croisade en Terre Sainte	Philippe Auguste règne et poursuit les croisades	Louis IX dit saint Louis règne et poursuit les croisades	Neuvième et dernière croisade	Règne de Philippe le Bel

Que se passe-t-il à l'époque ?

Sur le plan politique

Le XIII siècle, période à laquelle sont écrits la plupart des fabliaux, est une période de renouveau.

● TROIS RÈGNES IMPORTANTS

Philippe Auguste accède au pouvoir en 1180 ; grâce à ses importantes victoires militaires, il affermit le pouvoir royal et met fin à l'époque féodale. Il règne jusqu'à sa mort le 14 juillet 1223. Louis IX, son petit-fils, est sacré roi à douze ans, en 1226.
Louis IX, dit saint Louis, très pieux, se taille, grâce aux croisades, une réputation de roi diplomate et juriste dans toute l'Europe. Il meurt en 1270 alors que la civilisation française médiévale est à son apogée.
Enfin Philippe le Bel, rigide et sévère, accroît le royaume en affirmant son pouvoir de 1285 à 1314.

● CROISADES ET PROSPÉRITÉ

Pendant ce siècle, jusqu'en 1291, des croisades sont organisées pour délivrer, par les armes, la Terre Sainte des « infidèles », c'est-à-dire des musulmans. Ces guerres n'empêchent pas l'autorité royale de se raffermir et le royaume de s'agrandir. La France connaît à ce moment-là une période de prospérité économique et de dynamisme culturel.

Sur le plan littéraire

● LES FABLIAUX

S'opposant à la littérature courtoise centrée sur l'amour, une littérature réaliste et satirique voit le jour : les fabliaux et le *Roman de Renart* appartiennent à cette inspiration.

● LE THÉÂTRE

S'éloignant des sujets religieux et sérieux, le théâtre devient le lieu de l'invitation au rire.

● LA CHRONIQUE HISTORIQUE

Des historiens, Villehardouin et Joinville, racontent, dans leurs chroniques, les différentes croisades, avec beaucoup de réalisme, puisqu'ils y ont assisté « en direct ».

Estula

et autres fabliaux du Moyen Âge

Les perdrix 12
Les trois bossus 16
Les trois aveugles de Compiègne 22
Le pauvre clerc 31
Le vilain au buffet 36
Estula 40
Brunain, la vache au prêtre 44
La vieille qui graissa la main du chevalier 46
Le prévôt à l'aumusse 48
Le prêtre qui mangea les mûres 52

Les perdrix

Puisque j'ai l'habitude de vous raconter des fabliaux, je veux aujourd'hui, au lieu d'une fable, vous rapporter une histoire vécue.

Un vilain[1] prit un jour, au pied de sa haie, deux perdrix. Il mit tout son soin à les préparer et les donna à sa femme pour les faire
5 cuire. C'est une chose qu'elle savait faire parfaitement. Elle alluma le feu et prépara la broche, pendant que le vilain sortait en courant pour aller inviter le prêtre. Mais il s'attarda tant que les perdrix furent cuites bien avant son retour. La dame retira la broche et prit un peu de peau car elle était gourmande. Quand Dieu
10 lui offrait quelque chose, elle ne souhaitait jamais la richesse, mais seulement la satisfaction de ses désirs. Elle se précipite sur l'une des perdrix et en dévore les deux ailes, puis elle va dans la rue pour voir si son mari revient. Comme elle ne l'aperçoit pas, elle rentre dans la maison et fait subir le même sort au morceau
15 de la perdrix qui restait ●. Puis elle se dit qu'elle ne pourra pas s'empêcher de dévorer l'autre. Elle sait très bien ce qu'elle dira si on lui demande ce qu'elles sont devenues : elle dira qu'à peine elle les avait retirées du feu, des chats sont arrivés et les lui ont arrachées des mains, chaque chat emportant la sienne. Ainsi,
20 pense-t-elle, elle s'en tirera ●. Elle retourne dans la rue pour guetter son mari et ne le voyant pas venir, elle sent l'eau lui venir à la bouche[2] en pensant à la perdrix qu'elle a gardée. Elle sent qu'elle

---

1. Un vilain : un paysan.
2. Elle sent venir l'eau à la bouche : elle salive à l'idée de la perdrix qu'elle va manger.

● La femme est tellement gourmande qu'elle dévore la perdrix entière.
● La femme craint la réaction de son mari découvrant la disparition de son repas ! Son mensonge lui permettra de ne pas être accusée.

va devenir enragée si elle n'en prend encore un petit morceau.
Elle détache le cou délicatement et le mange avec délices ; elle
25 s'en pourlèche les doigts[1].

« Hélas ! se dit-elle, que vais-je faire ? Si je mange tout, comment m'en sortirai-je ? Et comment renoncer à ce qui reste ? J'en ai une envie folle ! Ma foi, advienne que pourra[2], il faut que je la mange en entier. »

30 L'attente dura tant que la dame satisfit son envie. Mais le vilain ne tarda guère ; il arriva chez lui en criant :

« Oh ! Dis-moi : les perdrix sont-elles cuites ?

– Sire[3], répondit-elle, c'est la catastrophe : les chats les ont mangées ! »

35 Le vilain fit un bond et se précipita sur elle comme un fou et lui aurait arraché les yeux si elle ne s'était écriée :

« C'était pour rire ! C'était une plaisanterie ! Arrière, suppôt de Satan[4], je les ai couvertes pour les tenir bien au chaud.

– Il s'en est fallu de peu que je ne vous chante une sacrée
40 messe•, par la foi que je dois à saint Lazare ! Vite, mon bon hanap[5] de bois et ma plus belle nappe blanche ! Je vais l'étendre sous la treille[6] dans le pré.

– Avant, n'oubliez pas de prendre votre grand couteau qui a bien besoin d'être aiguisé. Et affûtez-le un peu sur la meule[7] dans
45 la cour. »

Le vilain quitte sa cape et, couteau en main, se précipite vers la meule.

---

1. **Elle s'en pourlèche les doigts** : elle se lèche soigneusement les doigts avec beaucoup de plaisir.
2. **Advienne que pourra** : qu'il arrive ce qui doit arriver.
3. **Sire** : façon de s'adresser avec respect à son mari.
4. **Suppôt de Satan** : serviteur du diable.
5. **Hanap** : gobelet pour boire.
6. **Treille** : ici tonnelle, abri de jardin.
7. **Meule** : disque servant à aiguiser.

● Le mari, en colère, aurait crié après sa femme.

Voici alors qu'arrive le chapelain¹ qui venait dîner. Il vient directement vers la dame et l'embrasse doucement●. Mais celle-ci se
50 borne à lui glisser :

« Sire, sauvez-vous, sauvez-vous vite, je ne veux pas vous voir honni² ou maltraité devant mes yeux. Mon mari est sorti pour aiguiser son grand couteau et il dit que s'il peut vous attraper, il vous tranchera les couilles !

55 — Pense à Dieu, dit le prêtre : qu'inventes-tu là ? Nous devions manger deux perdrix que ton mari a attrapées ce matin. »

Et elle lui répond :

« Je vous jure par saint Martin qu'il n'y a ici ni perdrix ni oiseau d'aucune sorte. J'aurais plaisir à vous faire dîner mais je serais
60 encore plus contrite³ s'il vous arrivait malheur. Regardez-le, là-bas, voyez-le aiguiser son grand couteau !

— En effet, je le vois. Par mon bonnet⁴, je veux bien croire que tu m'as dit la vérité. »

Et, sans plus attendre, il prit ses jambes à son cou cependant
65 que la dame se mettait à appeler :

« Sire Gombaut, venez vite !

— Qu'as-tu donc, demanda-t-il, au nom de Dieu ?

— Ce que j'ai ! Vous allez le savoir bien vite et si vous ne pouvez pas courir assez vite vous aller y perdre, car, par le respect que je
70 vous dois, le prêtre emporte vos perdrix ! »

Rempli de fureur, le vilain se lança à la poursuite du prêtre, le couteau à la main et dès qu'il l'aperçut, il lui cria : « Vous ne les emporterez pas ! » Et il ajouta, en hurlant par bribes⁵ : « Vous les emportez toutes chaudes ! Mais vous serez bien contraint de les

---

1. **Chapelain** : prêtre.
2. **Honni** : couvert de honte.
3. **Contrite** : attristée.
4. **Par mon bonnet** : juron destiné à faire rire.
5. **Par bribes** : par morceaux de phrases à cause de l'essoufflement.

● Le comportement du prêtre laisse voir son attirance pour la femme et justifie les intentions que cette dernière prête à son mari dans la réplique suivante.

75 laisser si je vous rattrape ! Ce serait contraire à toute bonne cama-
raderie si vous les mangiez sans moi. »

Le prêtre jette un coup d'œil derrière lui et voit le vilain qui
accourt, le couteau à la main. Il se voit déjà mort si le vilain le
rattrape. Il ne ménage pas sa peine[1] pour accélérer sa fuite. Le
80 vilain qui pensait récupérer ses perdrix, accélère aussi l'allure
mais le prêtre, d'un bond, s'est réfugié dans sa maison.

Le vilain revient alors chez lui et demanda à sa femme :

« Dis-moi, dit-il, comment as-tu fait pour te faire prendre les
perdrix ? » Et celle-ci lui répondit :

85 « Aussi vrai que je te souhaite que Dieu me vienne en aide, dès
que le prêtre m'a vue, il m'a suppliée, si je l'aimais un peu, de lui
montrer les perdrix, car il aurait grand plaisir à les voir. Je l'ai
emmené là où je les tenais au chaud. Aussitôt, il tendit les mains,
s'en saisit, et prit ses jambes à son cou. Je n'ai guère pu le pour-
90 suivre mais je vous ai tout de suite mis au courant. »

Le vilain répondit alors :

« Après tout, c'est peut-être la vérité. Laissons-le là où il est. »

Ainsi le prêtre et Gombaut, qui attrapa les perdrix, furent-ils
trompés tous les deux.

95 Ce fabliau montre bien que la femme a été créée pour trom-
per : elle fait passer un mensonge pour une vérité et une vérité
pour un mensonge. Celui qui fit ce fabliau n'a ici plus rien à
rajouter. Ainsi se termine le « Fabliau des perdrix ».

« Les perdrix », in *Fabliaux du Moyen Âge*,
coll. « Biblio-collège », éd. Hachette, 2000.

---

1. **Il ne ménage pas sa peine** : il fait beaucoup d'efforts.

Les trois bossus

par Durand

Écoutez-moi, Messires. Sans en oublier un seul mot, je vais vous conter une singulière[1] aventure.

Il y avait jadis dans une ville – j'ai oublié son nom... disons la ville de Douai – il y avait donc à Douai un bourgeois. Un bel ⁵ homme, ma foi, toujours prêt à accueillir ses amis, mais guère fortuné. Pourtant s'il avait dû emprunter de l'argent, tout le monde lui aurait fait crédit. Ce bourgeois avait une fille... belle, belle. Non, jamais Nature n'avait façonné si belle créature. Je ne m'attarderai pas à faire son portrait, je n'y parviendrais pas. Dans ¹⁰ un cas pareil, mieux vaut se taire.

Dans la même ville vivait un bossu. On n'avait jamais vu bossu plus laid. Une tête énorme, une vraie hure[2], pas de cou, de grosses épaules remontées. Vraiment Nature l'avait bien mal traité ! Pas question de détailler davantage son portrait, il était trop laid. ¹⁵ Mais riche immensément : c'était l'homme le plus riche de la ville à ce qu'on disait. Aussi ses amis s'étaient-ils arrangés pour qu'il épousât la fille du bourgeois, celle qui était si belle.

Les voilà mariés, le voilà fou d'inquiétude. Sa femme est trop belle, il est jaloux, il ne connaît plus une minute de repos. Devant ²⁰ sa porte close, assis sur le seuil, il ne permet à personne d'entrer, si ce n'est pour apporter de l'argent ou en emprunter●.

Arrive le jour de Noël. Devant lui passent trois ménestrels[3], bossus tous les trois.

---

1. **Singulière** : étrange, étonnante.
2. **Hure** : tête de sanglier.
3. **Ménestrels** : musiciens ambulants.

● Le bossu est décrit comme jaloux et préoccupé seulement par son argent.

« Ah ! Messire, s'écrient-ils, nous allons célébrer Noël en votre
25 compagnie. Est-ce que vous n'appartenez pas à la même confré-
rie¹ que nous, celle des bossus ?

– C'est juste », répond notre homme, et il les conduit à l'étage,
car il habite une maison à escalier●.

Le repas est prêt, ils se mettent à table. Le maître de maison ne
30 lésine² pas, il reçoit bien ses compagnons, les régale de pois au
lard et de chapons. Après dîner, il donne encore à chacun d'eux
vingt sous parisis³. Puis il les renvoie, en leur intimant l'ordre de
ne jamais revenir ni dans sa maison, ni dans son jardin : s'ils le
font, ils prendront aussitôt un bon bain d'eau glacée dans la
35 rivière qui coule au pied des murs. La rivière est large et profonde
à cet endroit. Les bossus s'en vont bien vite, mais ils gardent une
mine réjouie : ils n'ont pas perdu leur journée● ! Quant au maître de maison, il va se promener sur le pont.

Or la dame a entendu les bossus chanter et s'amuser. Elle fait
40 rappeler les trois ménestrels. Elle veut à nouveau entendre leurs
chants. Pour les écouter, elle ferme soigneusement les portes.

Pendant qu'ils chantent et se divertissent avec elle, voici que
revient le seigneur et maître. Il n'a pas été longtemps absent ! Il
est devant la porte, il appelle, il crie. La dame reconnaît sa voix.
45 Que faire des bossus ? Où les cacher ?

Près du foyer se trouve un châlit⁴ sur lequel on a posé trois
coffres. Dans chacun d'eux, elle loge un bossu. Le mari entre et
s'assied à côté d'elle, tout joyeux d'être en la compagnie de sa
femme. Mais il ne s'attarde guère. Il redescend et s'éloigne.

---

1. **Confrérie** : association.
2. **Ne lésine pas** : ne regarde pas à la dépense.
3. **Sous parisis** : monnaie de Paris. C'est la monnaie
   du roi.
4. **Châlit** : cadre de lit en bois.

● Ce détail a son importance dans la
suite de l'histoire.
● Les bossus se réjouissent d'avoir
obtenu dans leur journée au moins
quelque chose de bon.

50 La dame n'est pas fâchée de le voir partir. Elle va pouvoir délivrer les bossus. Mais quand elle ouvre les coffres, elle trouve les hommes sans vie. Morts ! ils sont morts étouffés ! Affolée, elle va à la porte, elle aperçoit un portefaix[1], elle l'appelle. Le garçon accourt.

55 « Ami, dit-elle, écoute-moi. Si tu me jures de ne jamais révéler ce que je vais te demander, tu auras forte récompense. Trente livres de bons deniers●, quand tu auras exécuté la besogne. »

Le portefaix donne sa parole : il aime l'argent, il n'a peur de rien. Il monte l'escalier quatre à quatre. Alors la dame ouvre un
60 des coffres.

« Ami, garde ton sang-froid. Va me jeter ce mort à l'eau, tu me rendras un fier service. »

Elle lui donne un sac, il le prend, y met le cadavre, le hisse sur son épaule, descend l'escalier, court à la rivière, droit sur le pont
65 et vlan ! jette le bossu à l'eau et sans attendre davantage, retourne à la maison.

Pendant ce temps, à grande difficulté, à grand-peine, croyant à chaque instant perdre le souffle, la dame a soulevé le corps du deuxième bossu et l'a tiré hors du coffre. Elle se tient un peu à
70 l'écart. C'est alors qu'entre en coup de vent le portefaix.

« Dame ! Payez-moi ! Je vous ai délivrée du nain.

– Pourquoi vous moquez-vous de moi, fou de vilain ? Il est revenu, votre nain. Vous ne l'avez jamais jeté à l'eau, vous l'avez ramené avec vous. Regardez, si vous ne me croyez pas.

75 – Comment ! Mille diables ! Comment est-il revenu ici ? C'est incroyable ! Il avait pourtant l'air bien mort... C'est un démon, ma parole. Mais attendez... Par saint Rémi, il ne l'emportera pas au Paradis ! »

---

1. **Portefaix** : homme chargé de porter des fardeaux.

● Trente livres de bons deniers représentent une grosse somme.

Il saisit le second bossu, le tasse dans le sac, crac ! le charge sur
l'épaule, hop ! comme il eût fait d'une plume, et se dépêche de
sortir de la maison.

Vite, la dame tire du coffre le troisième bossu, l'allonge devant
le feu, puis va se poster près de la porte.

Le portefaix lance son homme dans la rivière, la tête la première.

« Va, maudit, et ne reviens pas ! »

Ensuite il retourne au pas de course demander son dû à la
dame. Elle ne discute pas, l'assure au contraire qu'il sera payé
comme il faut et, mine de rien, le mène près du foyer où gît le
troisième bossu.

« Ah ! mon Dieu, s'écrie-t-elle, c'est un prodige ! A-t-on jamais
vu quelque chose de pareil ? Regardez ! Le bossu est revenu ! »

Le garçon n'a aucune envie de plaisanter en voyant le cadavre
devant le feu.

« Sacrebleu ! dit-il. En voilà un ménestrel... Je ne ferai donc rien
d'autre aujourd'hui que de transporter cet affreux bossu ? Je le
retrouve ici chaque fois que je viens de le jeter à l'eau ! »

Il le pousse dans le sac qu'il jette brutalement sur son épaule.
De fatigue et de rage, il est en nage. Il dévale l'escalier comme un
furieux et balance le troisième bossu dans l'eau.

« Va-t'en, dit-il, à tous les diables ! Je t'ai assez porté aujourd'hui.
Si je te vois revenir, tu n'auras pas le temps de te repentir ! Je crois
que tu m'as jeté un sort, mais par le Dieu qui m'a fait naître, si tu
me poursuis encore et que j'aie gourdin[1] ou épieu, je t'en donne-
rai sur la tête et tu seras coiffé de sang ! »

Là-dessus il fait demi-tour et regagne la maison. Avant de monter les marches, il jette un coup d'œil derrière lui. Et que voit-il ?

1. **Gourdin** : gros bâton, destiné à frapper.

Le mari qui rentre au logis ! Devant cette apparition, non, il n'a pas envie de rire. Il fait trois fois le signe de croix, « Nomini[1] !
110 Seigneur, à l'aide... » Il croit être devenu fou.

« Ma foi, s'écrie-t-il, il est enragé, celui-là. Il me poursuit, il va me rattraper... Par la targe[2] de saint Morand, il me prend pour un paysan ! Je ne l'ai pas plus tôt transporté quelque part qu'il revient sur mes talons ! »
115 Alors il saisit à deux mains le pilon[3] qui est pendu près de la porte, court au pied de l'escalier que l'autre s'apprête à monter.

« Vous revoilà, sire bossu ! Vous êtes bien têtu ! Par la Vierge, il vous en cuira d'être ici encore une fois. Est-ce que vous me prenez pour un demeuré[4] ? »
120 Il lève le pilon et lui donne sur la tête – sa grosse tête, vous vous souvenez ? – un coup, un coup formidable, qui fait jaillir la cervelle et étend le bossu mort sur les marches. Puis il le fourre dans un sac qu'il ficelle soigneusement – on ne sait jamais, que le mort le poursuive encore – et s'en va le jeter à la rivière.
125 « Va au fond et malheur à toi ! Maintenant je suis sûr que tu ne reviendras pas avant que les bois ne soient couverts de feuilles ! »

Il retourne alors près de la dame et lui réclame son salaire : n'a-t-il pas scrupuleusement exécuté ses ordres ? La dame ne le conteste pas. Elle lui paie ses trente livres, rubis sur l'ongle[5], sans
130 retrancher un seul denier. Elle le fait de bon cœur, car elle est contente du marché. La voilà débarrassée d'un mari fort laid. Tant que durera sa vie, elle n'aura plus aucun souci.

---

1. **Nomini (Pater)** : « Au nom (du Père) », invocation à Dieu en latin.
2. **Par la targe de saint Morand** : par le bouclier d'un des protecteurs de la ville.
3. **Pilon** : instrument de bois, lourd, utilisé pour broyer et piler des aliments dans un mortier (un récipient).
4. **Demeuré** : imbécile.
5. **Rubis sur l'ongle** : payer immédiatement et complètement ce que l'on doit.

Non, jamais Dieu ne créa fille qu'on ne puisse avoir pour de l'argent, c'est moi, Durand, qui vous l'affirme en terminant cette
135 histoire. Jamais Dieu ne fit joyaux[1] si beaux qu'on ne puisse se les procurer, avec des deniers. Le bossu épousa la belle jeune fille, parce qu'il était riche. Maudit soit celui qui s'attache trop à l'argent et maudit soit celui qui, le premier, s'en servit !

« Les trois bossus », in *Les Fabliaux du Moyen Âge*,
édition de P. Gaillard et F. Rachmul, coll. « Œuvres et thèmes »,
éd. Hatier, 2002.

1. **Joyaux** : bijoux contenant des pierres précieuses ; objet de grande valeur.

Les trois aveugles de Compiègne

Je vais maintenant vous raconter l'histoire contenue dans un fabliau que je vais vous faire connaître. On tient pour sage un ménestrel qui met tout son art à imaginer les beaux récits et les belles histoires que l'on raconte devant les comtes et les ducs. C'est
5 une bonne chose que d'écouter des fabliaux car ils font oublier maints chagrins, maintes douleurs et maints ennuis. C'est Courte-barbe qui fit ce fabliau et je crois qu'il s'en souvient encore.

Il arriva un jour que trois aveugles cheminaient près de Com-piègne. Aucun d'entre eux n'avait de valet pour les guider et les
10 conduire ou leur enseigner le chemin. Chacun d'eux avait une sébile[1]. Ils portaient de pauvres vêtements car ils n'avaient pas d'argent pour se vêtir. C'est dans cet état qu'ils suivaient le che-min qui mène à Senlis. Or, un clerc[2], qui venait de Paris et avait plus d'un tour dans son sac, vint à rattraper les aveugles car il
15 chevauchait à vive allure, monté sur un magnifique palefroi[3] et suivi d'un écuyer qui tirait un cheval de somme[4]. Il vit que per-sonne ne les guidait et pensa qu'aucun d'entre eux ne voyait clair : comment pouvaient-ils trouver leur chemin ? Il se dit :

« Que la goutte[5] me frappe si je ne me rends compte s'ils y
20 voient quelque chose ! »

Les aveugles l'avaient entendu venir ; ils se rangèrent prompte-ment sur le côté du chemin et lui dirent :

---

1. **Sébile :** écuelle de bois, ronde, presque plate, utilisée pour faire l'aumône.
2. **Clerc :** étudiant rattaché à l'église.
3. **Palefroi :** cheval de parade.
4. **Cheval de somme :** cheval qui porte les fardeaux.
5. **Goutte :** maladie des articulations.

« Faites-nous la charité. Nous sommes plus pauvres que n'importe quelle créature, car celui qui ne voit rien est vraiment le
25 plus pauvre. »

Le clerc, sur-le-champ, imagina un bon tour à leur jouer :

« Voici un besant[1] que je vous donne à tous les trois.

– Dieu vous le rende, par la sainte Croix, fait chacun d'eux, ce n'est pas un vilain don ! »

30 Chacun croit que c'est son compagnon qui l'a reçu. Le clerc les quitte alors en se disant qu'il veut voir comment ils partageront. Il mit pied à terre et prêta l'oreille à ce que disaient les aveugles. Le plus vieux des trois dit alors :

« Il ne s'est pas moqué de nous, celui qui nous a donné ce
35 besant, car un besant est un bien beau don. Savez-vous ce que nous allons faire ? Nous allons retourner à Compiègne ; il y a bien longtemps que nous n'avons pas eu nos aises● et il est juste que chacun ait un peu de plaisir. Compiègne est une ville où l'on trouve tout ce qu'il faut !

40 – Voici une bonne parole, répondit chacun des deux autres.

– Pressons-nous de repasser le pont. »

Ils regagnèrent Compiègne dans le même équipage[2]. Ils étaient heureux et réjouis. Le clerc leur emboîta le pas en disant qu'il les suivra jusqu'à ce qu'il sache le fin mot de l'histoire●. Ils entrèrent
45 dans la ville et prêtèrent l'oreille à ce que l'on criait sur la place :

« Ici, il y a du bon vin nouveau bien frais, là du vin d'Auxerre, là du vin de Soissons, du pain, de la viande, du vin et du poisson ; ici, il est agréable de dépenser son argent ; il y a de la place pour tout le monde ; il est agréable d'être hébergé ici. »

---

1. **Besant :** pièce d'or.
2. **Dans le même équipage :** dans le même état.

● Les aveugles sont si pauvres qu'ils n'ont pas eu de moment de bien-être depuis bien longtemps.
● Le clerc est curieux de voir comment le mauvais tour qu'il a joué aux aveugles va se finir.

50 Ils se dirigèrent dans cette direction sans crainte et entrèrent dans l'auberge. Ils appelèrent l'hôte et lui dirent :

« Prêtez-nous attention, et ne nous prenez pas pour des vagabonds bien que nous ayons l'air bien pauvres. Nous voulons une chambre et nous vous paierons mieux que les gens élégants (c'est 55 ce qu'ils lui ont dit et il les crut). Nous voulons être servis largement. » L'hôte pense qu'ils disent vrai, car de tels gens ont parfois beaucoup d'argent. Il s'empresse de les satisfaire et les mène dans la meilleure chambre.

« Seigneurs, fit-il, vous pourriez rester ici une semaine en satis-60 faisant toutes vos envies. Dans la ville entière, il n'y a pas un morceau de choix que vous ne puissiez avoir si vous le désirez.

– Sire, répondirent-ils, allez vite et faites-nous servir copieusement !

– Faites-moi confiance », répondit le bourgeois et il partit.

65 Il leur prépara cinq grands services●, pain et viande, pâtés et volailles, et des vins parmi les meilleurs puis il les leur fit porter et fit mettre du charbon dans le feu. Les aveugles se sont assis à une bonne table.

Le valet du clerc a retenu un logement et mené les chevaux à 70 l'étable. Le clerc, qui était bien élevé et vêtu avec recherche, déjeuna le matin et dîna le soir fort dignement en compagnie de l'hôte. Les aveugles furent servis dans la chambre haute comme des chevaliers. Chacun d'eux menait grand tapage[1] ; ils se servaient le vin mutuellement : « Tiens, je t'en donne et je ne 75 m'oublie pas : ce vin est venu d'une bonne vigne ! » Ne croyez pas qu'ils se soient ennuyés ; au contraire ; jusqu'au milieu de la nuit, ils menèrent grande liesse[2]. Puis, les lits étant faits, ils allèrent se

---

1. **Menait grand tapage** : faisait beaucoup de bruit.
2. **Liesse** : joie.

● **Cinq grands services** : ensemble des plats apportés en même temps à table.

coucher jusqu'au lendemain assez tard. Le clerc était resté là car il voulait savoir le fin mot de l'histoire. L'hôte se leva de bon matin ainsi que son valet ; ils se mirent à compter à combien s'était élevée la dépense en viande et en poisson. Le valet déclara :

« En vérité, ils ont bien dépensé, en pain, en vin et en pâté pour plus de dix sous, tant ils ont fait bombance[1]. Quant au clerc sa dépense s'élève à cinq sous.

— Avec lui, je ne risque pas d'avoir de problèmes ; mais va plutôt là-haut et fais-moi payer. »

Le valet, sans plus attendre, vint trouver les aveugles et leur demanda de se rhabiller sur-le-champ, car son maître voulait être payé. Ils lui répondirent :

« Ne vous en faites pas, car nous le paierons largement. Savez-vous ce que nous devons ?

— Oui, dit-il, vous devez dix sous.

— Cela les vaut bien. »

Chacun se lève et tous les trois sont descendus dans la grande salle. Le clerc, qui se chaussait au pied de son lit, avait tout entendu. Les trois aveugles se sont adressés à l'hôte :

« Sire, nous avons un besant et je crois qu'il pèse bien son poids. Rendez-nous donc la monnaie avant que nous ne commandions autre chose !

— Volontiers », fait l'hôte.

L'un des aveugles dit alors :

« Que celui qui l'a le donne, car, pour ma part, je ne l'ai pas.

— Alors c'est donc Robert Barbe-Fleurie !

— Je ne l'ai pas, mais je sais bien que c'est vous !

— Corbieu[2] ! Je ne l'ai pas.

1. **Fait bombance** : mangé beaucoup.
2. **Corbieu** : juron ; déformation de « corps de Dieu ».

— Alors qui l'a ?

— C'est toi.

— Non, c'est toi !

— Vous allez payer, maîtres truands[1], ou vous serez battus,
110 explosa l'hôte, et jetés dans les latrines[2] puantes avant que vous
ne partiez d'ici !

— Au nom de Dieu, grâce ! font-ils. Sire, nous vous paierons
convenablement. »

Et ils se mettent à reprendre leur dispute.

115 « Robert, fait l'un, donnez-lui le besant. C'est vous qui mar-
chiez devant : c'est donc vous qui l'avez reçu.

— Non, c'est vous, vous qui veniez le dernier. Donnez-le-lui, car
je ne l'ai pas.

— Eh bien, je suis arrivé à temps, fait l'hôte ; on veut me gru-
120 ger[3]. »

Il donne un grand soufflet à l'un et fait apporter deux gourdins.
Le clerc, qui était aisé et que l'affaire amusait fort, se pâmait[4] de
rire et d'aise. Mais quand il vit que la dispute tournait mal, il vint
trouver l'hôte et lui demanda ce qu'il y avait et ce qu'il voulait à
125 ces gens. L'hôte lui dit : « Ils me doivent un écot[5] de dix sous pour
ce qu'ils ont mangé et bu et ils ne font que se moquer de moi
mais je vais bien leur en donner pour leur argent : chacun va le
sentir passer !

— Mettez-le plutôt sur mon compte, fait le clerc ; je vous devrai
130 quinze sous. Il ne faut pas tourmenter les pauvres gens. »

L'hôte répondit :

« Très volontiers ; vous êtes un clerc franc et généreux. »

Et les aveugles purent partir quittes[6] de tout.

---

1. **Truands** : voleurs.
2. **Latrines** : cabinets, W.-C.
3. **Gruger** : voler.
4. **Se pâmait** : s'évanouissait.
5. **Écot** : somme d'argent due.
6. **Quittes de tout** : sans aucune dette.

Écoutez maintenant quel autre subterfuge[1] le clerc imagina.

135 On sonnait alors la messe ; il vint trouver l'hôte et lui dit :

« Hôte, connaissez-vous le curé de l'église ? Ces quinze sous, les lui en feriez-vous crédit s'il s'engageait à les payer pour moi ?

– Pour cela, je n'en doute pas, fait le bourgeois ; par saint Syl-
140 vestre, je ferais crédit au prêtre, s'il le voulait, pour plus de trente livres !

– Alors acceptez que je m'acquitte de ma dette dès mon retour : je vous ferai payer à l'église. »

L'hôte acquiesce[2] et le clerc ordonne aussitôt à son valet de pré-
145 parer son palefroi et ses bagages de manière à ce que tout soit prêt à son retour, et il demande à l'hôte de l'accompagner. Tous les deux gagnent l'église et pénètrent jusque dans le chœur. Le clerc qui doit les quinze sous a pris son hôte par la main et l'a fait asseoir près de lui, puis il dit :

150 « Je n'ai pas le loisir de rester jusqu'à la fin de la messe mais je vous ferai régler mon dû. Je vais aller lui dire qu'il vous paie inté-gralement les quinze sous dès qu'il aura fini de chanter sa messe.

– Faites comme vous l'entendez », répondit le bourgeois tout confiant.

155 Le prêtre, qui devait commencer à dire la messe, avait revêtu sa chasuble[3]. Le clerc qui savait ce qu'il avait à dire, vint se placer devant lui. Il avait l'air d'un gentilhomme et avait un visage can-dide[4]. Il tira douze deniers de sa bourse et les glissa dans la main du prêtre :

160 « Sire, fait-il, au nom de saint Germain, accordez-moi votre attention. Tous les clercs doivent s'entraider : c'est pour cela

1. **Subterfuge :** ruse.
2. **Acquiesce :** accepte.
3. **Chasuble :** vêtement que le prêtre met par-dessus ses habits pour dire la messe.
4. **Visage candide :** visage innocent.

que je suis venu vous trouver. J'ai passé la nuit dans une auberge appartenant à un bourgeois très aimable ; que le doux Jésus le soulage : c'est un brave homme, honnête et droit, mais, hier
165 soir, une cruelle maladie lui a attaqué le cerveau alors que nous faisions la fête et il en a perdu la raison. Dieu merci, il va mieux mais la tête lui fait encore mal. Aussi je vous prie de lui lire un Évangile au-dessus de la tête● lorsque vous aurez fini la messe.

– Par saint Gilles, fit le prêtre, je lui lirai. » Et s'adressant au
170 bourgeois :

« Je le ferai dès que la messe sera terminée et j'en déclare le clerc quitte.

– Je ne demande pas mieux, répliqua le bourgeois.

– Sire prêtre, que Dieu vous garde, fait le clerc. Adieu, beau
175 maître. »

Le prêtre monta alors à l'autel et commença à chanter la grand-messe. C'était dimanche et beaucoup de gens étaient venus à l'église. Le clerc, qui était bien élevé, vint prendre congé de son hôte, et le bourgeois, sans plus attendre, le raccompagna jusqu'à
180 l'auberge.

Le clerc monta à cheval et s'éloigna. Et le bourgeois, sitôt après, revint à l'Église : il avait hâte de recevoir ses quinze sous et, en vérité, il pensait les avoir sans problème. Il attendit dans le haut du chœur que la messe soit terminée et que le prêtre se soit
185 dévêtu. De son côté, le prêtre, sans perdre de temps, a pris ses Évangiles et son étole et il a appelé :

« Sire Nicolas, approchez-vous et agenouillez-vous ! »

Quand il entend ces mots, le bourgeois n'est pas des plus heureux et il réplique :

● C'est le geste que le prêtre fait pour chasser le diable qui est, pense-t-on, rentré dans l'esprit d'un humain, le rendant fou. Le clerc se montre très malin dans sa demande.

190 « Je ne suis pas venu pour cela. Payez-moi plutôt mes quinze sous !

— Ma parole ! Il est vraiment fou ! se dit le prêtre.

Nomini[1]... Mon Dieu, secourez l'âme de ce brave homme car, en vérité, je vois bien qu'il est fou !

— À moi ! s'écria le bourgeois, à moi ! Voyez comme ce prêtre
195 se moque de moi ! Peu s'en est fallu que je n'en perde le sens quand je l'ai vu arriver avec ses Évangiles !

— Beau doux ami, dit le prêtre, je vous dirai simplement que quoi qu'il advienne, il faut toujours penser à Dieu et dès lors il ne peut rien vous arriver de mal. »

200 Il lui pose les Évangiles sur la tête avec l'intention d'en lire un passage, mais le bourgeois commence à lui dire :

« J'ai du travail à l'auberge et je n'ai pas de temps à perdre avec ces plaisanteries. Donnez-moi vite mon argent. »

Le prêtre est fort contrarié ; il appelle tous ses paroissiens qui
205 s'attroupent autour de lui et il leur dit :

« Saisissez-vous de cet homme, car je vois bien qu'il est fou.

— Pas le moins du monde, fait le bourgeois, par saint Corneille ! Mais, sur la tête de ma fille, vous me paierez mes quinze sous et vous ne vous moquerez pas de moi plus longtemps.

210 — Attrapez-le vite », réplique le prêtre.

Sans une hésitation, les paroissiens le maîtrisent tout aussitôt et lui tiennent les deux mains. Chacun essaie de le réconforter de son mieux et le prêtre apporte les Évangiles. Il lui pose sur la tête et lui lit un passage de bout en bout, l'étole autour du cou. C'est
215 bien à tort qu'il le prenait pour fou. Il l'asperge d'eau bénite. Le bourgeois n'a plus d'autre envie que de revenir à son auberge. On le relâcha et le prêtre le bénit en disant :

1. Voir note 1 p. 20.

« Vos tourments sont maintenant terminés. »

Le bourgeois se tint coi[1] mais il est furieux et dépité[2] d'avoir été
220 ainsi abusé. Mais néanmoins heureux de pouvoir s'en aller, il
revint tout droit à son auberge.

Courtebarbe ajoute en conclusion qu'à tort on porte dommage
à maintes personnes. C'est ainsi que je terminerai mon conte.

« Les trois aveugles de Compiègne », in *Fabliaux du Moyen Âge*,
coll. « Biblio-collège », éd. Hachette, 2000.

Miniature (XIVᵉ siècle, Londres, British Museum).

1. **Se tint coi :** se tint silencieux.
2. **Dépité :** vexé.

Le pauvre clerc

Je ne veux pas faire un long conte. Ce fabliau dira l'histoire d'un clerc demeurant à Paris qui était en tel dénuement qu'il dut abandonner la ville. Il n'avait rien à engager, rien à vendre pour subsister et vit bien qu'il ne pouvait pas rester plus longtemps à
5 Paris, tant il y menait pauvre vie : mieux valait laisser les études. Le clerc alors se mit en route pour revenir dans son pays comme il en avait grand désir ; mais il était découragé car son escarcelle[1] était vide.

Tout un jour il avait marché sans rien boire ni rien manger. Il
10 entre enfin dans une ville, pousse la porte d'un vilain, mais il ne trouve à la maison que la dame avec sa servante. La dame lui fait grise mine[2]. Le clerc la prie de l'héberger, par faveur et par charité.

« Seigneur clerc, mon mari, dit-elle, n'est pas chez lui en ce
15 moment. Je pense qu'il me blâmerait si j'avais, sans sa permission, hébergé vous-même ou un autre. »

Le clerc revient à sa requête :

« Dame, je suis un étudiant ; aujourd'hui j'ai marché longtemps. Agissez en dame courtoise. Accueillez-moi sans dire plus. »
20 Mais avec plus d'aigreur encore elle signifie son refus. C'est alors qu'arrive un garçon chargé de deux barils de vin : la dame au plus tôt qu'elle peut reçoit les barils et les cache. La servante apporte un gâteau ; elle dispose sur un plat du porc qu'elle a tiré du pot.

1. **Escarcelle :** porte-monnaie pendu à la ceinture.
2. **Fit grise mine :** ne fit pas bon accueil.

25 « Vraiment, dame, il me plairait bien, fait le clerc, de rester chez vous. »

Mais l'autre réplique aussitôt :

« Je ne veux pas vous héberger. Allez vous adresser ailleurs. »

Le clerc obéit et s'en va, et la dame qui s'impatiente lui claque
30 la porte aux talons. À peine a-t-il fait quelques pas qu'il voit un prêtre dans la rue, nez baissé sous sa cape noire, qui le croise sans dire un mot et pénètre dans la maison d'où lui-même à l'instant sortait.

Comme le clerc se lamentait, ne sachant où passer la nuit, un
35 prudhomme l'entend gémir et lui dit :

« Qui donc êtes-vous ?

– Je suis un clerc bien fatigué ; toute la journée j'ai marché et je ne puis trouver de gîte.

– Par Dieu et par saint Nicolas, sire clerc, ne vous troublez pas,
40 car votre gîte est tout trouvé. Dites-moi, êtes-vous allé dans cette maison que voici ?

– Oui, sire, je viens d'en sortir. »

Notre homme se met à jurer :

« Retournez-y sans hésiter. Foi que je dois à saint Clément,
45 cette maison-là m'appartient. J'y recevrai qui me plaira, vous ou d'autres, à ma volonté. Je viens d'arriver du moulin et j'apporte de la farine pour faire à mes enfants du pain. » Ils s'en vont la main dans la main et les voici devant la porte. Son sac sur le dos, le prudhomme appelle et crie d'une voix forte.

50 « Hélas ! fait la dame, c'est lui. Ah ! messire prêtre, de grâce, vite cachez-vous dans la crèche ! Vous y serez en sûreté car lui, je le ferai coucher le plus tôt que je le pourrai. »

Alors, sans demander son reste, il s'en va dans la bergerie.

Le mari a tant appelé qu'elle vient lui ouvrir la porte ; il entre
55 avec son compagnon.

« Sire clerc, mettez-vous à l'aise, dit le prudhomme, et maintenant soyez heureux et sans soucis : j'en aurai, moi, beaucoup de
joie. »

Et s'adressant à son épouse :

60 « Dame, dit-il, que faites-vous ? Ne songez-vous pas au souper ?

– Sire, veuillez me pardonner ; je n'ai rien à vous préparer. »

Le mari se prend à jurer :

« Par tous les saints, dites-vous vrai ?

65 – Certes, vous pouvez bien savoir ce qu'ici, allant au moulin,
vous avez laissé ce matin.

– Dame, fait-il, je n'en sais rien, que le Seigneur Dieu me
bénisse ! Mais je dois bien traiter ce clerc.

– Sire, il faudra vous en tirer du mieux qu'il vous sera possible ;
70 un souper n'est pas grande affaire : vous ferez vite. »

À sa servante :

« Tu vas passer de la farine ; pétris un pain pour leur repas et
puis qu'ils aillent se coucher. »

Le bonhomme était en colère. Il s'adresse à son compagnon :

75 « Seigneur clerc, que Dieu me bénisse ! vous avez ouï bien des
choses. Chantez-moi donc une chanson ou narrez-moi une aventure que vous avez lue quelque part, en attendant que l'on nous
cuise ce qui fera notre repas.

– Sire, fait le clerc, je ne sais comment vous conter une his-
80 toire ; mais je vous dirai volontiers une peur que je viens d'avoir.

– Eh bien ! dites-nous cette peur, répond l'autre, et vous serez
quitte, car je sais bien que votre état n'est pas d'être conteur de
fables ; par faveur, je vous le demande. »

« Sire, fait le clerc, aujourd'hui je traversais une forêt et quand
85 j'en fus sorti je vis un énorme troupeau de porcs, grands et petits

et noirs et saurs[1], mais le berger n'était pas là. Tandis que je les regardais, survint un grand loup qui bien vite se précipita sur un porc dont la chair semblait aussi grasse que la viande que la servante tout à l'heure a tirée du pot. »

90   La femme était au désespoir.

« Comment, dame, fait le mari, est-ce vrai ce que dit le clerc ? » Elle savait que démentir ne lui vaudrait pas une maille[2].

« Mais oui, sire, certainement, j'avais acheté de la viande.

– Dame, vous me voyez ravi que nous ayons ce qu'il nous faut.

95 Mais vous, sire clerc, continuez et nous ne nous ennuierons pas. »

Le clerc poursuit donc son récit :

« Sire, dit-il, lorsque je vis que le loup avait pris le porc, j'en fus, croyez-le, très fâché. Un loup n'est pas lent à manger : aussitôt il le mit en pièces. Je le regardai un moment et je vis dégoutter le

100 sang aussi vermeil que le vin rouge qu'apporta ici un garçon lorsque je demandais un gîte. »

La femme est muette de colère.

« Comment, dame, avons-nous du vin ?

– Mais oui, sire, par saint Martin, et nous en avons tant et

105 plus.

– Dame, fait-il, que Dieu me voie ! j'en suis, croyez-le, bien heureux pour ce clerc que nous hébergeons. Seigneur clerc, ditesnous la suite.

– Certes, fait le clerc, volontiers. Le loup était très menaçant et

110 ne sachant quel parti prendre, je regardai si je pourrais trouver chose pour le frapper. J'avisai une grande pierre : je ne mentirai pas, je crois, en disant qu'elle était moins large que le gâteau qui est ici et qu'a fait cuire la servante. »

---

1. **Saurs :** de couleur jaune tirant sur le brun.
2. **Démentir ne lui vaudrait pas une maille :** nier ne
   lui aurait pas rapporté un sou.

La dame doit bien constater qu'il est vain de dissimuler. Alors
son mari la regarde :

« Comment ? Nous avons un gâteau ?

– Mais oui, un gâteau bon et beau, dit la dame, fait tout aux
œufs pour agrémenter le repas.

– Dieu merci, répond le mari. Ma foi, seigneur clerc, cette peur
a été une heureuse chose. Vous pourrez faire bonne chère, car
nous avons pain, viande et vin et c'est à vous que je le dois. C'en
est donc fait de votre peur.

– Pas du tout, que Dieu me bénisse ! Lorsque j'eus pris la pierre
en main, je voulus la jeter au loup. Il se mit à me regarder vraiment de la même façon que fait le prêtre à la fenêtre de la bergerie que voilà.

– Un prêtre ! s'écrie le mari ; il y a un prêtre céans[1] ! »

Vite il bondit pour le saisir. Le prêtre en vain veut se défendre.
Le prudhomme l'a empoigné ; il le dépouille de sa robe ; il donne
la chape[2] et la cotte[3] au clerc qui raconta sa peur : il lui paya bien
son salaire et le prêtre en fut pour sa honte.

Ne refusez jamais du pain – dit un proverbe de vilain – même
à celui que vous croyez ne jamais retrouver un jour. Sait-on ce qui
peut advenir ? Bien des gens l'oublient et le paient, et la dame en
tout premier lieu qui fit au clerc mauvais visage quand il lui
demandait un gîte. De ce qu'il raconta le soir, il n'aurait pas sonné
un mot si elle l'avait accueilli.

« Le pauvre clerc », in *Fabliaux*,
traduction de G. Rouger, éd. Gallimard, 1978.

1. **Céans** : ici.
2. **Chape** : vêtement de prêtre en forme de pèlerine.
3. **Cotte** : sorte de tunique.

Le vilain au buffet

Vous saurez par ce fabliau qu'un comte avait un sénéchal[1] hypocrite, avare et retors[2], un résumé de tous les vices. S'il avait eu quelques déboires[3], nul familier de la maison ne l'aurait plaint, sachez-le bien, tant il était porté au mal. Son maître obligeait-il[4] quelqu'un, il enrageait ; peu s'en fallait qu'il n'en crevât de jalousie●. Mais le comte, estimé de tous, indulgent, ne faisait qu'en rire, sachant que l'autre n'aimait guère voir des hôtes dans la maison. Et ce vilain, comme un pourceau, s'empiffrait, se bourrait la panse ; il sifflait du vin dérobé et mangeait seul, dans sa dépense, maints gras chapons et maints poussins. Là se bornait son ambition.

Un jour, le digne homme de comte envoie partout des messagers et fait savoir qu'il tiendra cour. La Renommée, par le pays, en répand bientôt la nouvelle : on voit accourir aussitôt écuyers, chevaliers et dames. Tout est prêt pour les recevoir ; qui le veut peut franchir la porte. Il en arrive, à mon avis, qui chez eux n'ont pas eu leur soûl[5] ni en hiver ni en été. Là, chacun peut se rassasier, à son gré, de viande et de vin, car tel est le désir du comte.

« C'est aujourd'hui jouer de malheur, dit le sénéchal, ces gens-là n'y mettent guère de leur poche. Ils demandent ce qui leur plaît comme s'il s'agissait d'un œuf. Et j'en connais bien trente-neuf qui, j'en suis sûr, depuis longtemps, doivent se serrer la ceinture. »

---

1. **Sénéchal** : officier royal ou seigneurial, équivalent d'un bailli chargé de missions administratives.
2. **Retors** : rusé.
3. **Déboires** : déceptions, déconvenues.
4. **Obligeait** : rendait service, faisait un cadeau…
5. **N'ont pas leur soûl** : n'ont pas à manger en quantité suffisante.

● Le sénéchal ne supporte pas que d'autres que lui reçoivent quelques bienfaits ou cadeaux du comte.

Arrive Raoul, un vilain qui vient de laisser sa charrue. Le séné-
25 chal tourne les yeux, jette un regard sur le bonhomme : un être
laid, crasseux, hirsute ; il y avait bien cinquante ans qu'il n'avait
porté coiffe en tête. Le mauvais cœur qui pousse à faire méchanceté et vilenie[1] et cruauté et félonie met le sénéchal hors de lui. Il
va au-devant du vilain, indigné, blême de colère :
30 « Voyez cet avaleur de pois ! s'écrie-t-il. Par le Saint-Esprit, c'est
malgré moi qu'il est ici. Il a dû se rouler par terre pour être frisé
comme il l'est. Voyez cette mine réjouie ! Il en faudrait des écuel-
lées de purée pour farcir son ventre. Qu'il soit torturé de coli-
ques ! Et je souhaite qu'il en crève. »
35 Ainsi le sénéchal épanche et sa fureur et son dépit.
« Qu'il soit jeté dans les latrines[2] celui qui t'a mené ici ! »
À ces mots, avec sa main droite, l'autre fait un signe de croix.
« Sire, dit-il, par saint Germain, je viens manger ; j'ai ouï dire
qu'ici on a tout à son gré. Mais je ne sais où m'asseoir.
40 — Tiens, je vais te prêter un siège », dit le sénéchal par risée.
Levant la main il lui applique sur la joue une grande buffe● et
puis siffle pour le narguer.
« Assieds-toi donc sur ce buffet que je te prête ; installe-toi. »
Il fait apporter une nappe, dit qu'on lui donne viande et vin à
45 discrétion, car il espère que le vilain va s'enivrer : de là prétexte à
le rosser[3] et à lui ôter toute envie de reparaître chez un comte.
Que pourrais-je vous dire encore ? On appelle les ménestrels et
le comte leur fait crier qu'à celui d'entre eux qui dira ou fera la
meilleure truffe[4], il donnera, en récompense, sa robe neuve
50 d'écarlate. Tous les ménestrels s'encouragent à bien exercer leurs
talents : l'un fait l'idiot, l'autre l'ivrogne ; l'un chante et l'autre

1. **Vilenie** : acte mauvais, méchant.
2. **Latrines** : W.-C., toilettes.
3. **Rosser** : battre.
4. **Truffe** : pièce, représentation.

● Au Moyen Âge, la buffe est une gifle et le buffet un tabouret. Le fabliau joue sur le rapprochement de ces deux mots.

l'accompagne ; un autre récite un débat et les jongleurs jouent de la vielle[1]. Celui-ci conte un fabliau où les bons tours ne manquent pas, et celui-là dit l'Herberie[2], un récit des plus réjouissants. Le
55 vilain songe à se venger de l'affront qu'il vient de subir ; mais pour le faire, il veut attendre que tous les jongleurs se soient tus. À ce moment le sénéchal s'approche du comte et lui parle ; alors le vilain prend sa nappe, tranquillement, sans se presser, va devant le comte et regarde le sénéchal qui n'y prend garde, tout
60 entier à son entretien. Et le vilain lève la main, une main épaisse et calleuse[3] : il aurait fallu, je crois bien, aller jusqu'au pays de Galles pour trouver gaillard mieux pourvu. Il lui assène un grand soufflet et lui dit :

« Voici le buffet et la nappe que je vous rends. Je ne veux pas les
65 emporter : c'est mauvais marché de prêter à celui qui ne sait pas rendre. »

Aussitôt tous les gens du comte veulent corriger le vilain ; ils ont pitié du sénéchal qui se jette aux pieds de son maître. Celui-ci dit qu'il veut savoir pourquoi le vilain l'a frappé et puisqu'il l'or-
70 donne, ils se taisent[4]. Il interroge le vilain :

« Vraiment tu as eu de l'audace de le gifler en ma présence. Tu t'es mis dans de mauvais draps[5], car c'est une très lourde faute : je vais t'envoyer en prison.

– Sire, dit l'autre, écoutez-moi, accordez-moi quelques instants.
75 Quand je suis arrivé ici, j'ai trouvé votre sénéchal, un triste et vilain personnage, qui m'ayant abreuvé d'injures, m'allongea une grande buffe et me dit, pour me brocarder[6], d'aller m'asseoir sur ce buffet, ajoutant qu'il me le prêtait. Après avoir bu et mangé,

---

1. **Vielle** : instrument de musique ancien et populaire, à touches et à cordes frottées par une roue.
2. **L'Herberie** : récit comique composé par Rutebeuf, poète connu du Moyen Âge.
3. **Calleuse** : où il y a des cals, des durillons.

4. Le comte est respecté et il joue le rôle du juge.
5. **Tu t'es mis dans de mauvais draps** : tu t'es mis dans une mauvaise situation.
6. **Brocarder** : se moquer.

sire comte, que faire d'autre sinon lui rendre son buffet ? Je l'ai
80 rendu devant témoins et sous vos yeux, vous l'avez vu. Avant de
vous laver les mains, dites-moi si je suis coupable et si je dois être
arrêté. Il faut bien qu'on me tienne quitte : j'ai rendu ce qu'on
m'a prêté. Et me voici tout disposé à lui rendre un autre buffet si
le premier ne suffit pas. »

85 Le comte Henri se met à rire, et le rire gagne la salle pour se
prolonger très longtemps. Le sénéchal ne sait que faire ; il tient
sa main contre sa joue toute rouge et toute brûlante, furieux
qu'on se moque de lui. Il eût riposté volontiers, mais il n'ose à
cause du comte qui l'invite à se tenir coi[1].

90 « Il t'a bien rendu ton buffet et tout ce qu'il avait à toi », lui fait
le comte ; et au vilain :

« Je te donne ma robe neuve ; c'est toi, de tous les ménestrels,
qui as fait la meilleure truffe.

– Ma foi, déclarent les jongleurs, sire comte, vous dites vrai ; il
95 a bien mérité la robe. Jamais ne fut si bon vilain : il a payé le sénéchal et n'a pas manqué de lui rendre la monnaie de son inso-
lence[2]. »

Et le vilain quitte la cour, emportant la robe du comte ; il dit,
ayant franchi la porte :

100 « Qui reste chez lui dépérit, et puis : Qui voyage en profite. Si
j'étais resté au logis, je n'aurais jamais endossé de robe neuve
d'écarlate. On dit : Qui bien chasse, bien trouve. »

« Le vilain au buffet », in <i>Fabliaux</i>,
traduction de G. Rouger, éd. Gallimard, 1978.

1. **Coi :** silencieux.
2. **Rendre la monnaie de :** user de représailles, se venger.

Estula•

Il y avait jadis deux frères, n'ayant plus ni père ni mère pour les conseiller au besoin et sans nulle autre parenté. Leur amie était Pauvreté qui toujours restait avec eux ; on souffre de cette compagnie : il n'est pas pire maladie. Les deux frères dont je vous parle
5 partageaient le même logis. Une nuit, mourant à la fois de soif et de faim et de froid, tous maux qui volontiers harcèlent ceux que Pauvreté asservit[1], ils se mirent à méditer comment ils pourraient se défendre contre Pauvreté qui les presse. Un homme qu'on disait très riche habitait près de leur maison. Ils sont pauvres, le
10 riche est sot. Il a des choux dans son courtil[2] et des brebis dans son étable. C'est chez lui qu'iront les deux frères : Pauvreté fait perdre la tête. L'un accroche un sac à son cou, l'autre à la main prend un couteau. Tous deux se mettent en chemin. L'un, se glissant dans le jardin, entreprend, sans perdre un instant, de couper
15 les choux du courtil. L'autre s'en va vers le bercail[3], fait si bien qu'il ouvre la porte et tout semble aller pour le mieux, il tâte le plus gras mouton. On était encore sur pied dans la maison : on entendit le bruit de l'huis[4] quand il l'ouvrit. Le bourgeois appela son fils : « Va-t'en donc, dit-il, au jardin et regarde si tout va bien.
20 Appelle le chien du logis. »

Le chien se nommait Estula, mais par bonheur pour les deux frères, il n'était pas à la maison. Le garçon, qui prêtait l'oreille, ouvre l'huis donnant sur la cour et crie :

« Estula ! Estula ! »

1. **Asservit** : tient en son pouvoir.
2. **Courtil** : jardin.
3. **Bercail** : étable.
4. **Huis** : porte.

L'histoire repose sur la confusion entre ce nom « Estula » et l'expression « es-tu là ? »

25 Du bercail le voleur répond :

« Eh oui ! vraiment, je suis ici. »

L'obscurité était profonde : le fils ne pouvait distinguer celui qui avait répondu ; mais il fut vraiment convaincu que c'était le chien qui parlait. Aussitôt, sans perdre de temps, il revient droit

30 à la maison où il arrive tout tremblant.

« Qu'as-tu, mon cher fils ? dit le père.

– J'en fais le serment sur ma mère, Estula vient de me parler.

– Qui ? notre chien ?

– Vraiment, ma foi ; et si vous ne voulez pas me croire, appe-

35 lez-le, vous l'entendrez. »

Le bourgeois veut voir la merveille et sur-le-champ va dans la cour ; il appelle Estula son chien. Le voleur, ne soupçonnant rien, répond :

« Mais oui, je suis ici ! »

40 Le bourgeois en reste interdit :

« Par tous les saints, toutes les saintes, fils, j'ai ouï bien des merveilles, mais certes jamais de pareilles. Va conter la chose au curé. Il faut l'amener avec toi : recommande-lui d'apporter son étole[1] et de l'eau bénite●. »

45 Le fils s'empresse d'obéir et court à la maison du prêtre. Aussitôt, sans perdre de temps, il dit :

« Sire, venez chez nous ouïr des choses merveilleuses : telles jamais n'avez ouïes. Prenez l'étole à votre cou. »

Le curé répond :

50 « Tu es fou de vouloir m'emmener dehors ; je suis pieds nus, je n'irai pas. »

Le fils là-dessus lui réplique :

---

1. **Étole :** large écharpe qui pend de chaque côté du cou du prêtre et qui est l'insigne de son pouvoir.

● Le prêtre est appelé pour chasser le démon dont le chien est possédé, pour l'exorciser.

« Vous viendrez, je vous porterai. »

Le prêtre, ayant pris son étole, sans ajouter une parole, monte
55   sur le dos du garçon et celui-ci se met en route ; mais afin d'arriver plus vite, il descend droit par le sentier qu'avaient emprunté
les voleurs. Celui qui dérobait les choux vit la forme blanche du
prêtre ; il crut que c'était son compère qui lui apportait du butin.
Il lui demande tout joyeux :

60   « Vas-tu m'apporter quelque chose ?

– Sûrement oui », répond le fils, croyant avoir ouï son père. Le
voleur dit : « Dépose-le. Mon couteau est bien émoulu ; on l'a
affûté à la forge et je vais lui couper la gorge. »

Le prêtre, l'ayant entendu, convaincu qu'on l'avait trahi, lâcha
65   les épaules du fils et décampa tout affolé ; mais il accrocha son
surplis[1] à un pieu, où il le laissa ; car il n'osa pas s'attarder pour
tenter de le décrocher. Ignorant ce qu'il en était, le voleur qui
coupait les choux ne resta pas moins étonné que celui qu'il avait
fait fuir ; et cependant il s'en va prendre l'objet blanc qu'il voit au
70   pieu pendre et il décroche le surplis. Son frère à ce moment sortit
du bercail avec un mouton ; il appela son compagnon qui avait
son sac plein de choux. Ayant bien chargé leurs épaules, et sans
s'attarder davantage, tous deux regagnent leur maison, et le chemin ne fut pas long. Alors le voleur au surplis montre à son frère
75   son butin. Ils ont bien plaisanté, bien ri. Le rire, naguère perdu,
maintenant leur est rendu.

En peu de temps, Dieu fait son œuvre. Tel rit le matin, le soir
pleure ; et tel est le soir chagriné qui le matin fut en gaieté.

« Estula », in *Fabliaux*, traduction de G. Rouger, éd. Gallimard, 1978.

1. **Surplis :** vêtement de lin plissé, porté
par les prêtres sur leur soutane.

☞ Almanach des Bergers, le mois de juin, *gravure (1491)*.

Brunain, la vache au prêtre

C'est d'un vilain et de sa femme que je veux vous conter l'histoire. Pour la fête de Notre-Dame, ils allaient prier à l'église. Avant de commencer l'office[1], le curé vint faire son prône[2] ; il dit qu'il était profitable de donner pour l'amour de Dieu et que Dieu au
5 double rendait à qui le faisait de bon cœur.

« Entends-tu ce que dit le prêtre ? fait à sa femme le vilain. Qui pour Dieu donne de bon cœur recevra de Dieu deux fois plus. Nous ne pourrions mieux employer notre vache, si bon te semble, que de la donner au curé. Elle a d'ailleurs si peu de lait.
10 – Oui, sire, je veux bien qu'il l'ait, dit-elle, de cette façon[3]. »

Ils regagnent donc leur maison, et sans en dire davantage. Le vilain va dans son étable ; prenant la vache par la corde, il la présente à son curé. Le prêtre était fin et madré[4] :

« Beau sire, dit l'autre, mains jointes, pour Dieu je vous donne
15 Blérain ». Il lui a mis la corde au poing, et jure qu'elle n'est plus sienne.

« Ami, tu viens d'agir en sage, répond le curé dom[5] Constant qui toujours est d'humeur à prendre ; si tous mes paroissiens étaient aussi avisés que tu l'es, j'aurais du bétail à plenté[6]. »
20 Le vilain prend congé du prêtre qui commande, sans plus tarder, qu'on fasse, pour l'accoutumer, lier la bête du vilain avec Brunain, sa propre vache. Le curé les mène en son clos[7], les laisse attachées l'une à l'autre. La vache du prêtre se baisse, car elle voulait pâturer. Mais Blérain ne veut l'endurer et tire la corde si

---

1. **Office** : messe.
2. **Prône** : sermon.
3. **De cette façon** : à cette condition.
4. **Madré** : rusé.

5. **Dom** : titre donné à certains religieux.
6. **À plenté** : en abondance.
7. **En son clos** : dans son pré.

25 fort qu'elle entraîne l'autre dehors et la mène tant par maisons, par chènevières[1] et par prés qu'elle revient enfin chez elle, avec la vache du curé. Le vilain regarde, la voit ; il en a grande joie au cœur.

« Ah ! dit-il alors, chère sœur, il est vrai que Dieu donne au
30 double. Blérain revient avec une autre : c'est une belle vache brune. Nous en avons donc deux pour une. Notre étable sera petite ! »

Ce fabliau veut nous montrer que fol est celui qui ne se résigne. Le bien est à qui Dieu le donne et non à celui qui l'enfouit.
35 Nul ne doublera son avoir sans grande chance, pour le moins. C'est par chance que le vilain eut deux vaches, et le prêtre aucune. Tel croit avancer qui recule.

« Brunain, la vache au prêtre »,
in *Fabliaux*,
traduction de G. Rouger,
éd. Gallimard, 1978.

1. **Chènevières** : champs où pousse du chanvre.

La vieille qui graissa la main du chevalier

Pour vous amuser un peu, je voudrais vous raconter l'histoire d'une vieille femme qui avait deux vaches qui étaient sa seule ressource du moins à ce que j'ai lu.

Un jour, ses vaches s'échappèrent et le prévôt[1] les ayant trou-
5 vées, les fit mener chez lui. Quand la brave femme l'apprit, elle alla le voir et le pria de les lui rendre. Elle le supplia mais rien n'y fit, car le prévôt, qui était un triste sire[2], se moquait éperdument de tout ce qu'elle pouvait dire.

« Par ma foi, dit-il, ma bonne vieille, payez-moi d'abord ce que
10 vous me devez avec les beaux deniers que vous cachez dans un pot ! »

La brave femme s'en revint alors la tête basse, triste et bien contrite. Elle rencontra sa voisine, Hersant, et lui conta son histoire. Hersant lui nomma un chevalier et lui conseilla d'aller par-
15 ler à ce grand seigneur : qu'elle lui parle poliment, sagement et avec respect ; si elle lui graisse la patte*, il lui fera retrouver ses vaches sans avoir à payer de dédommagement[3].

La bonne vieille, qui n'y entend pas malice[4], prend un morceau de lard et vient trouver le chevalier qui se trouvait devant sa mai-
20 son. Par aventure[5] le chevalier avait les mains croisées dans le

---

1. **Prévôt :** officier seigneurial chargé de maintenir l'ordre et de faire respecter la justice du seigneur.
2. **Triste sire :** homme peu recommandable.
3. **Sans payer de dédommagement :** sans donner d'argent en échange.
4. **Qui n'y entend pas malice :** qui n'y voit rien de mal.
5. **Par aventure :** par hasard.

● Le fabliau repose sur le sens de cette expression. Au sens figuré, *graisser la patte* signifie : « donner de l'argent discrètement pour obtenir quelque chose en échange » ; mais la vieille femme comprend l'expression au sens propre !

dos. La vieille s'approche par derrière et lui frotte la main avec son lard. Quand celui-ci sent qu'on lui graisse la main, il se retourne et regarde la vieille :

« Bonne femme, que fais-tu là ?

25 – Sire, au nom de Dieu, pardonnez-moi : on m'a dit de venir vous trouver et de vous graisser la patte et que, si je faisais cela, je pourrais récupérer mes vaches sans rien avoir à payer.

– Celle qui t'a dit cela voulait dire tout autre chose ; mais tu n'y perdras rien pour attendre : tu retrouveras tes vaches sans rien 30 avoir à payer et de plus je te donne un bon pré bien herbeux. »

J'ai raconté cette anecdote pour montrer l'attitude de ceux qui sont puissants et fortunés et qui sont souvent fourbes et déloyaux[1] ; ils vendent leur parole et leur conscience et se moquent de la justice. Chacun ne songe qu'à amasser : le pauvre n'a gain 35 de cause[2] que s'il paie.

« La vieille qui graissa la main du chevalier »,
in *Fabliaux et contes du Moyen Âge*,
Traduction de J.-C. Aubailly
Le Livre de Poche, 1987.

---

1. **Fourbes et déloyaux :** hypocrites et malhonnêtes.
2. **N'a gain de cause :** l'emporte, réussit (dans un procès).

Le prévôt à l'aumusse[1]

❧

Ce fabliau raconte l'histoire d'un chevalier qui aurait pu passer pour un comte. Il était riche, pourvu de grands biens et avait une épouse dont il avait eu des enfants selon la coutume et l'usage. Pendant vingt ans et plus, ce chevalier vécut sans susciter que-
5 relle ou conflit autour de lui. Il était fort aimé dans sa contrée tant par ses gens que par autrui. Un jour, il lui prit envie de partir en pèlerinage à Saint-Jacques de Compostelle. Il donna sa terre à garder à un sien prévôt. C'était une franche canaille, mais il s'était enrichi et sa réputation s'en était accrue ainsi que cela arrive à
10 maints coquins. Ce prévôt s'appelait Gervais et était fils d'Éram-baut Brasse-Huche. Il avait une grosse tête carrée et portait une aumusse de grosse bure[2], bien fourrée pour se protéger du froid. C'était un homme vil et fourbe et de basse origine.

Le chevalier se prépara comme il le devait et, un jour, il quitta
15 son château pour accomplir son pèlerinage. Il chevaucha tant à travers les prairies et les forêts qu'il arriva finalement à Saint-Jac-ques-de-Compostelle. Il offrit plus de vingt deniers au saint puis reprit le chemin du retour. Sans faire de détours, il revint comme il était venu, tant et si bien qu'il arriva à un jour de voyage de son
20 logis.

Au matin, il envoya un sien écuyer demander à sa femme et à ses amis de venir à sa rencontre, car il était heureux et n'avait pas de soucis. Il demanda aussi que l'on prépare à son logis un bon repas avec de la viande et du poisson en abondance et avec du vin

1. **Aumusse :** sorte de capuchon fourré qui protégeait la tête.
2. **Bure :** étoffe de laine grossière.

25 en grande quantité afin que tout le monde en ait à sa suffisance. L'écuyer se hâta tant qu'il arriva vite au château où il fut accueilli par tous ceux et celles qui l'aimaient avec de grands transports de joie.

Le lendemain, les amis du chevalier montèrent à cheval et vin-
30 rent à sa rencontre. Ils l'escortèrent avec un grand plaisir jusqu'au château où le repas était préparé. Gervais, le prévôt, ne s'était pas oublié : il était là avant même que tout le monde fût descendu de cheval ; et il faisait semblant de se réjouir. Le chevalier était un homme affable ; il prit soin de tous ses invités et, pour l'honorer,
35 il fit asseoir son prévôt Gervais à table à côté d'un riche chevalier, en face du fils Micleart.

Comme premier mets, ils eurent des pois avec du lard dont les morceaux, qui étaient servis dans les écuelles, étaient énormes. Ce plat plut beaucoup au prévôt, surtout lorsqu'il vit la tranche de
40 lard grosse et épaisse qu'on lui avait servie, et il se jeta sur son écuelle. Puis il pensa que s'il pouvait en dérober un morceau, il le ferait durer plus longtemps en le ménageant. Or le chevalier qui devait manger avec lui ne prêtait pas attention : il parlait à un sien compagnon qui était assis à côté de lui. Le prévôt se baissa,
45 comme s'il voulait se moucher, et, dans le dos du chevalier, il glissa le morceau de lard dans son aumusse qui était large et profonde et la rabattit sur sa tête comme si de rien n'était.

Un valet mit alors une bûche sur le feu qui se mit à flamber avec ardeur. Gervais essaya bien de se reculer mais cela ne lui
50 était guère possible, car il était assis dans l'angle d'un mur, de sorte qu'il ne pouvait ni s'écarter ni reculer. Il commença alors à avoir très chaud et le lard qui était sous son capuchon se mit à

fondre et à couler dans ses yeux et sur son visage qui ressemblait à de la viande de vache grasse. Un valet faisait le service devant
55 lui ; il était ennuyé de voir que le prévôt semblait gêné par son aumusse fourrée. D'un coup de baguette, il lui rabat son capuchon et le morceau de lard tombe sur le manteau du chevalier qui était assis près de lui.

Maintenant, écoutez bien ce que fit le prévôt : il sauta d'un
60 bond par-dessus le feu et se précipita vers la porte. Mais les écuyers qui servaient et qui avaient vu toute l'affaire le bousculèrent de telle sorte qu'ils le firent s'étaler à terre puis le rouèrent de coups. Les cuisiniers sortirent de la cuisine et sans s'enquérir de ce qui s'était passé, ils tirèrent du feu des bûches enflammées
65 et le frappèrent à tour de bras. Ils le frappèrent tellement qu'ils lui brisèrent les reins et, à coups de pied, de poing et de bâton, ils lui firent plus de trente plaies, à tel point qu'il en fit dans sa culotte. Et, pour finir, ils le traînèrent hors de la maison en le tirant par les bras et ils le jetèrent dans un fossé où l'on avait mis
70 un chien crevé. Le morceau de lard lui causa ainsi une bien grande honte.

La morale de ce fabliau, c'est que certains s'enrichissent en volant mais que souvent Dieu, qui mourut sur la croix, les punit d'une manière que les pauvres gens jugent bien méritée.

« Le Prévôt à l'aumusse »,
in *Fabliaux et contes du Moyen Âge*,
Traduction de J.-C. Aubailly
Le Livre de Poche, 1987.

Miniature extraite du Livre des Conquestes et Faits d'Alexandre
(vers 1450, Paris, musée du Petit Palais).

Le prêtre qui mangea les mûres

Qu'on en ait colère ou dépit, je veux, sans prendre de répit, vous dire l'histoire d'un prêtre comme Garin nous la raconte. Il voulait aller au marché ; il fit donc seller sa jument qui était grande et bien nourrie et qu'il avait depuis deux ans. Elle n'avait
5 ni soif ni faim, ne manquant de son ni d'avoine. Le prêtre à partir se prépare, se met en selle et se dirige vers le marché sur sa monture. Je me rappelle la saison : je sais que c'était en septembre où les mûres sont à foison. Le prêtre va, disant ses heures, ses matines et ses vigiles[1]. Mais presque à l'entrée de la ville, à distance
10 d'un jet de fronde, il y avait un chemin creux. Jetant les yeux sur un buisson, il y voit quantité de mûres et se dit alors que jamais il n'en rencontra d'aussi belles. Il en a grand-faim, grand désir ; il fait ralentir sa jument et puis l'arrête tout à fait. Mais il redoute les épines et les mûres les plus tentantes se trouvent en haut du
15 buisson : il ne peut les atteindre assis. Aussitôt le prêtre se hisse ; sur la selle il monte à deux pieds et se penchant sur le roncier il mange avec avidité les plus belles qu'il a choisies ; et la jument ne bronche pas. Quand il en eut assez mangé et qu'il se sentit rassasié, sans bouger il baissa les yeux et vit la jument qui restait
20 immobile auprès du buisson. Debout, les deux pieds sur la selle, le prêtre s'en réjouit fort. « Dieu, fait-il, si l'on disait hue ! ● » Il le pense et en même temps il le dit : la jument surprise fait un bond

---

1. **Ses heures, ses matines et ses vigiles :** ce sont les différents offices religieux de la journée.

● « Ma jument est une brave bête, pense-t-il, mais je tomberais si elle partait entendant quelqu'un dire "hue". »

soudain et le prêtre va culbuter dans le buisson. Il est si bien pris dans les ronces que, pour cent onces[1] d'argent fin, il ne saurait
25 s'en dégager. La jument va, traînant les rênes, la selle tournée de travers et court à la maison du prêtre. Quand les serviteurs la revoient, on se désole, on se lamente. La femme du prêtre se pâme, croyant son mari déjà mort. Dans la maison, quel désespoir ! Ils vont courant vers le marché ; ils ont tant cherché, tant
30 marché qu'ils arrivent près du buisson où le prêtre était en détresse. Les entendant se désoler, il se met alors à crier : « Eh bien ! eh bien ! où allez-vous ? Je suis là tout endolori, accablé, perclus, défaillant ; je suis en bien triste posture, lardé de ronces et d'épines ! » Et ses gens de lui demander : « Sire, qui vous a
35 hissé là ? – Malheur ! fait-il, je suis tombé. Je passais, hélas, par ici et cheminais disant mes heures. Je fus si tenté par les mûres qu'à aucun prix je ne voulus aller plus loin sans en manger. Par hasard il est arrivé que le roncier m'a accroché. Aidez-moi à sortir d'ici ; car je ne désire autre chose que de trouver la guérison et
40 d'être en paix dans ma maison. »

Le fabliau peut nous apprendre que celui-là n'est pas bien sage qui raconte tout ce qu'il pense. Grand dommage en ont, et grand-honte, beaucoup de gens, cela est vrai. Ainsi advint-il au curé.

« Le prêtre qui mangea les mûres », in *Fabliaux*,
traduction de G. Rouger, éd. Gallimard, 1978.

1. **Once :** mesure de poids.

☞ *Tapisserie (vers 1475).*

Estula *et autres fabliaux du Moyen Âge*

Les fabliaux : des contes à rire

REPÈRES

Qu'est-ce qu'un fabliau ? 56
Qu'est-ce qui fait rire dans les fabliaux ? 58

PARCOURS DE L'ŒUVRE

Étape 1 : Observer la structure d'un fabliau 60
Étape 2 : Étudier la mise en œuvre d'un quiproquo 62
Étape 3 : Étudier la mise en œuvre d'un jeu de mots 64
Étape 4 : Caractériser les personnages,
          mettre en évidence la caricature 66
Étape 5 : Repérer les défauts visés 68
Étape 6 : Étudier les sources du rire 70
Étape 7 : Exploiter les informations de l'enquête 72

TEXTES ET IMAGE

Jeux de mots pour rire : groupement de documents 74

Qu'est-ce qu'un fabliau ?

Genre caractéristique du Moyen Âge, le fabliau est une petite histoire en vers, qui n'a guère d'autre but que de distraire et de faire rire. Rapidité dans l'action et vivacité des dialogues en sont les caractéristiques littéraires.

● L'ORIGINE DES FABLIAUX

On estime à 150 le nombre de fabliaux écrits entre 1159 et 1340, pour la plupart dans les provinces du Nord : en Picardie (le mot fabliau est un mot picard), en Artois et en Flandre.

Le mot fabliau *vient du latin* fabula *qui signifie « récit, histoire », comme le mot* fable.

Les auteurs en sont souvent mal connus ou même anonymes ; il s'agissait de jongleurs ou de clercs menant une vie errante, de poètes-amateurs appartenant souvent au clergé.

Quelques noms restent cependant liés aux fabliaux, comme celui de Jean Bodel ou de Rutebeuf.

● LES SUJETS TRAITÉS

La plus grande quantité des fabliaux est née en France, comme en témoignent la langue utilisée, les indications géographiques mais aussi les mœurs et les événements décrits.

De fait, c'est bien la réalité quotidienne de la petite bourgeoisie de la France médiévale qui se trouve au cœur des fabliaux : elle y est représentée, de manière très directe, sans embellissement.

La valeur de l'argent au temps des fabliaux

À l'époque des fabliaux, la puissance de l'argent grandit et modifie les valeurs morales et sociales : l'égoïsme s'accroît, la satisfaction des plaisirs personnels prend le pas sur la charité. Tout s'achète.

● LE PUBLIC VISÉ

Le public auquel s'adressaient les auteurs des fabliaux appartenait surtout à la bourgeoisie ; c'est donc la conception du monde bourgeois lui-même que reflètent les fabliaux.

C'est parce qu'il s'agissait d'un public à l'esprit peu cultivé que les récits sont délibérément concis, rapides, dénués de pittoresque.

● LE BUT RECHERCHÉ

Le seul but des fabliaux est d'attirer l'attention de ce public et de l'amener à un gros rire, permettant d'oublier, au moins un moment, les chagrins et les souffrances. Face à la puissance de l'argent, on proclame la force de la ruse et de l'esprit. On défend les vilains, opprimés par les puissants que sont les chevaliers, les membres du clergé et les fonctionnaires royaux.

Bateleurs et paysans, miniature (1542, Cambrai, Bibliothèque municipale).

Qu'est-ce qui fait rire dans les fabliaux ?

Le but essentiel des conteurs était de distraire. On va donc rire de tout, sans tabous : des situations comme des personnes. La morale, elle-même, n'est pas toujours épargnée.

● LES SITUATIONS

Les mêmes situations reviennent d'un récit à l'autre : l'honnête marchand est trompé par son épouse et cherche à se venger ; le curé amoureux de sa paroissienne se retrouve en fâcheuse situation ; le paysan est volé par son seigneur... Les lieux sont familiers : la demeure personnelle, la taverne, l'église...

On nous décrit aussi volontiers les ruses du plus malin – le pauvre ou la femme – visant à prendre une revanche sur le bourgeois ou le mari. Ruse et malice triomphent, et la méchanceté n'est pas de mise.

Quoi qu'il en soit, l'intrigue est simple et claire pour être comprise de tous et déclencher le rire. On joue avec les mots et les quiproquos alimentent aisément le rire.

● LES PERSONNAGES

Des personnages des diverses classes sociales sont représentés, le plus souvent de façon comique ; selon le cas, il s'agit de vilains, de bourgeois, de prêtres, moins fréquemment de chevaliers et de puissants.

Les personnages, sans réelle épaisseur psychologique, ont des défauts, des manies comme tout le monde, comme le voisin que l'on connaît, le seigneur ou le prêtre du village... Il devait être facile de s'identifier à l'un des protagonistes. Dans quelques fabliaux, le sacré, voire les apôtres et Dieu lui-même, sont mis en scène sans que ces personnages, traités sur un mode familier, n'aient droit à un respect spécial.

● LA SATIRE

Les conteurs prennent évidemment pour cible première les défauts humains. Ils en font un exposé sans complaisance et tournent en ridicule ceux qui le

méritent : de la femme infidèle et volage au prêtre ignorant et coquin, de l'évêque enrichi au bourgeois avare, du paysan stupide à l'aubergiste rusé et voleur, nul n'est épargné.

On ne peut pas parler véritablement d'esprit satirique mais plutôt d'esprit de dérision, permettant de prendre des distances avec certains aspects trop rudes de la vie.

● APRÈS LE RIRE, PLACE À LA MORALE ?

La plupart des fabliaux se terminent par une morale ou un conseil. Mais cette morale ne présente pas toujours une relation étroite avec le récit.

Tout se passe comme si la leçon à tirer était tout à fait négligeable et que l'essentiel était bien le divertissement. N'est-ce pas ce que nous dit le conteur des *Trois aveugles de Compiègne* au début de son fabliau : « C'est une bonne chose que d'écouter des fabliaux car ils font oublier maints chagrins, maintes douleurs et maints ennuis » ?

Le fabliau et la farce

Les fabliaux trouveront un prolongement au théâtre avec les farces. Au XVIIᵉ siècle, on trouve chez Molière cette source d'inspiration : Le Médecin malgré lui *(1666), par exemple, reprend le scénario d'un fabliau intitulé* Le Paysan devenu médecin. *La Fontaine, dans ses* Fables, *a également exploité (par exemple dans* Le Corbeau et le Renard *ou* Le Renard et la Cigogne*) un thème très largement développé dans les fabliaux, celui du dupeur dupé.*

Les Comédiens de l'Hôtel de Bourgogne,
gravure d'Abraham Bosse (1602-1676)
(Paris, musée Carnavalet).

Étape I • Observer la structure d'un fabliau

SUPPORT : *Les trois bossus* (page 16)

OBJECTIF : Étudier la structure du récit et les procédés permettant de créer un effet de surprise comique.

As-tu bien lu ?

1   La jeune fille à marier est-elle très ☐ laide, ☐ riche, ☐ belle, ☐ pauvre ?

2   Celui qui l'épouse est-il le plus   ☐ beau, ☐ riche, ☐ laid, ☐ jaloux ?

3   Où la femme cache-t-elle les trois bossus ?

4   Que croit le portefaix chaque fois qu'il vient se faire payer, après avoir jeté un sac ?
    ☐ que c'est le même bossu qui revient
    ☐ qu'il voit double
    ☐ qu'il y a plusieurs bossus

5   Pourquoi le portefaix tue-t-il le mari ?

Une habile mise en situation

6   Aux actions successives du mari répondent des actions de la femme. Complète le tableau.

Actions du mari	Actions de sa femme
L'homme reçoit les bossus, dîne avec eux puis les renvoie.	Sa femme...
Il va se promener sur le pont.	Sa femme...
Il revient chez lui, appelle sa femme.	Sa femme...
Bientôt il redescend et s'éloigne.	Sa femme...

7   Quel trait du caractère du mari peut expliquer que celui-ci interdise aux bossus de revenir, au point de les menacer de mort ?

8   Relève un mot, qualifiant l'état d'esprit de la femme, qui te permet de comprendre que le récit prend une tournure dramatique et angoissante.

9   « Il monte l'escalier quatre à quatre » : que révèle cette expression de l'attitude du portefaix ?

Après un déroulement répétitif, une chute inattendue

10 Pourquoi le portefaix se laisse-t-il berner plusieurs fois par la femme et ne comprend-il pas la ruse répétée de celle-ci ?

11 Complète le tableau puis compare les gestes de la femme et ceux du portefaix. Que constates-tu dans la succession des évènements ?

	La femme	Le portefaix
Le premier bossu	ouvre...	court et vlan !...
Le deuxième bossu	le soulève à...	le charge comme...
Le troisième bossu	le tire...	dévale l'escalier comme...
Le quatrième bossu		lève le pilon et... et s'en va le jeter...

12 En quoi l'apparence physique du mari explique-t-elle le coup de pilon que lui assène le portefaix ? Par quelles phrases ce dernier justifie-t-il son geste ?

13 Relève trois mots ou expressions qui montrent la satisfaction de la femme à la fin du récit.

La langue et le style

14 Au cours du récit, le narrateur intervient en s'adressant directement au lecteur (ou l'auditeur), influençant ainsi plus ou moins celui qui lit ou écoute. Relève les verbes par lesquels le narrateur intervient à la 1re personne du singulier.

15 Pour que le récit soit vivant, les paroles sont le plus souvent rapportées directement (entre guillemets). Relève des passages où les paroles ne sont pas rapportées directement. Essaie d'expliquer pourquoi.

Faire le bilan

16 Montre que les éléments fournis au début du récit puis le déroulement même des actions nous permettent non seulement d'excuser le portefaix mais aussi de nous réjouir avec la femme, même si son mari est mort !

Donne ton avis

17 « Maudit soit celui qui s'attache trop à l'argent. » Que penses-tu de cette morale ? Est-elle vraiment la morale que tu tirerais de ce fabliau ? Es-tu d'accord avec cette morale ? Explique pourquoi en quelques phrases.

Étape 2 • Étudier la mise en œuvre d'un quiproquo*

SUPPORT : *Estula* (page 40)

OBJECTIF : Repérer quels éléments sont rassemblés et mis en œuvre pour aboutir à un quiproquo comique.

As-tu bien lu ?

1 Les deux frères décident de voler chez leur voisin :
☐ par méchanceté
☐ par pauvreté
☐ par jeu

2 À quel moment de la journée l'histoire se passe-t-elle ?

3 Pourquoi le fils du bourgeois pense-t-il que son chien parle ?

4 Le prêtre se sauve parce qu'il a peur :
☐ de la mort
☐ de la nuit
☐ du chien

5 En quoi le butin des deux frères consiste-t-il ?

Des mots sources de confusion

6 Comment le chien des bourgeois s'appelle-t-il ?

7 Quand les bourgeois appellent leur chien en le nommant, qu'entend le frère qui est dans l'étable ? Quelle expression entend-il ?

8 Relève les mots qui effraient le prêtre (l. 62 à 64) et place-les dans le tableau.

Noms	Adjectifs	Verbes

9 Comment le prêtre comprend-il ces mots ?

Une situation source de quiproquo

10 Complète le tableau des circonstances de l'histoire.

Personnes	Lieux fréquentés	Moment	Objet ou animal possédé
Premier frère			
Deuxième frère			
Le bourgeois			
Son fils			
Le prêtre			

11 Coche les deux raisons qui permettent de justifier la confusion faite par le frère voleur entre le prêtre et le mouton.
  ☐ le prêtre porte une peau de mouton
  ☐ le prêtre est sur les épaules du fils
  ☐ le prêtre pousse des cris
  ☐ le prêtre est vêtu de blanc

12 Le quiproquo aurait-il été le même à un autre moment du jour ?

13 À la fin, trouve ce que les frères ont regagné en plus de leur butin.

La langue et le style

14 Dans le début du deuxième paragraphe (« Le chien se nommait... » à « ... et crie : », l. 22 à 24), relève les verbes et donne le temps de chacun. Justifie l'emploi des différents temps utilisés.

15 Une allégorie est l'expression d'une idée par une image, un tableau, un être vivant... Trouve une allégorie dans le texte.

Faire le bilan

16 Dresse la liste des quiproquos de ce fabliau.

17 Nous rions aussi par moquerie. Comment les acteurs de ce fabliau sont-ils présentés pour que nous acceptions de nous moquer des volés ?

À toi de jouer

18 Raconte à ton tour une peur que tu as ressentie en raison d'un quiproquo et qui s'est finie dans la bonne humeur.

Étape 3 • Étudier la mise en œuvre d'un jeu de mots

SUPPORT : *La vieille qui graissa la main du chevalier* (page 46)

OBJECTIF : Comprendre l'utilisation d'une expression au sens propre et au sens figuré* et l'exploitation qui en est faite dans le fabliau.

As-tu bien lu ?

1 Qui a pris les vaches de la vieille femme ?
   ☐ le chevalier
   ☐ Hersant
   ☐ le prévôt

2 Pourquoi ne peut-elle pas récupérer ses animaux ?

3 Sa voisine lui conseille :
   ☐ de rester chez elle
   ☐ de demander au chevalier
   ☐ de retourner chez le prévôt

4 Qu'obtient-elle finalement outre ses vaches ?

Sens propre, sens figuré

5 La vieille femme prend l'expression « graisser la patte » au sens propre. Quel objet emporte-t-elle lorsqu'elle se rend chez le chevalier ? Pourquoi ?

6 La voisine a indiqué à la vieille comment se comporter avec le chevalier. Relève ces trois compléments de manière (l. 15-16).

7 Quelle phrase du chevalier montre qu'il a compris que la vieille a pris au sens propre une expression utilisée au sens figuré ?

8 Que veut dire l'expression *graisser la patte de quelqu'un* au sens figuré ?

La portée des mots

9 Inscris dans le tableau les noms utilisés pour désigner la vieille.

Nom(s) donné(s) par le narrateur	Nom(s) donné(s) par le prévôt	Nom(s) donné(s) par le chevalier

10 Le prévôt est qualifié de .... En quoi son attitude vis-à-vis de la vieille justifie-t-elle cette qualification ? De quoi la soupçonne-t-il ?

11 Le chevalier est qualifié par Hersant de .... Relève les verbes indiquant l'attitude du chevalier quand la vieille lui graisse la main. Que nous apprennent-ils sur sa manière d'être ?

12 Quel aspect de la personnalité de la vieille le chevalier récompense-t-il finalement ?
☐ sa pauvreté
☐ sa naïveté
☐ sa détermination
☐ sa politesse

La langue et le style

13 Pour éviter les répétitions, le français emploie des pronoms ; on parle de pronominalisation. Dans la phrase : « Quand la brave femme **l'**apprit, **elle** alla **le** voir et **le** pria de **les lui** rendre », indique ce que remplace chacun des six pronoms en gras.

14 Cherche les antonymes (= contraires) des adjectifs du dernier paragraphe : *puissant*, *fortuné*, *fourbe*, *déloyal*.

Faire le bilan

15 En pensant au but recherché par les conteurs de fabliaux, explique quelle est l'intention de l'auteur de ce fabliau lorsqu'il utilise l'expression « graisser la patte » au sens propre. Veut-il se moquer de la vieille femme ?

À toi de jouer

16 Cherche trois ou quatre autres expressions utilisées couramment au sens figuré et qui n'ont pas du tout le même sens au sens propre. Utilise-les dans de courtes phrases pour montrer leurs deux utilisations, au sens propre et au sens figuré.
Exemple : Ce matin, pour que la maison soit propre, j'ai donné *un coup de balai*. J'ai encore mal à la tête du *coup de balai* que j'ai reçu accidentellement sur le crâne.

Étape 4 • Caractériser les personnages, mettre en évidence la caricature*

SUPPORT : *Les perdrix* (page 12)

OBJECTIF : Observer comment sont peints les personnages mis en scène, analyser le traitement caricatural.

As-tu bien lu ?

1 Le vilain demande à sa femme :
☐ de préparer les perdrix
☐ de manger les perdrix
☐ de cuire les perdrix

2 Quels sont les trois mensonges inventés par la femme pour cacher sa responsabilité ?

3 Le prêtre prend ses jambes à son cou :
☐ parce qu'il a oublié quelque chose
☐ parce qu'il a peur du mari
☐ parce qu'il n'a plus faim

4 Qui est perdant dans ce fabliau ?

Des comportements vraiment humains

5 Qu'affirme le narrateur dès la première phrase du texte ? Quelle importance cela a-t-il pour le lecteur ?

6 Complète le tableau.

Attitudes successives de la femme	Ce que l'on pense d'elle
Elle se précipite sur une des perdrix et en dévore les deux ailes.	Elle est gloutonne.
Elle ne pourra s'empêcher de dévorer l'autre.	....
Elle sent l'eau lui venir à la bouche en pensant à la perdrix.	....
Elle va devenir enragée si elle n'en prend encore un petit morceau.	....
Elle détache le cou délicatement et le mange avec délice.	....
Elle se pourlèche les doigts.	....
« Ce que j'ai !... Le prêtre emporte vos perdrix ! »	....

7 Quand le vilain entend le premier mensonge de sa femme, sa réaction est si violente qu'il est comparé à ....
Quand il pense que le prêtre lui vole son bien, il devient ....

8 Comment peux-tu expliquer que le mari renonce à ses perdrix et dise à sa femme : « c'est peut-être la vérité » ?

De simples marionnettes, « l'éternel humain »

9 Combien de fois la femme sort-elle pour voir si son mari arrive ?

10 Que mange-t-elle en premier ? en deuxième ? en troisième ? en dernier ?

11 Chaque personnage remplit le rôle qu'il a traditionnellement dans un fabliau.
La femme est à la maison et fait ....
Le vilain va ....
Le prêtre, dès qu'il arrive près de la dame, ...

12 Comme dans tous les fabliaux, le narrateur tire ici une morale qui insiste sur le défaut éternel de la femme qui est ....

La langue et le style

13 Pour faire rire, le narrateur n'hésite pas à utiliser un vocabulaire très familier. Trouves-en un exemple.

14 Explique l'accord des participes passés en gras dans les phrases suivantes : *Les chats les lui ont **arrachées** des mains* (l. 18-19) ; *il m'a **suppliée*** (l. 86) ; *... furent-ils **trompés** tous les deux* (l. 93-94).

Faire le bilan

15 Dans ce fabliau, la femme cumule bien des défauts, mais les autres personnages ne sont pas franchement meilleurs. Après avoir rappelé les défauts dont la femme est accusée, tu diras quels défauts sont dénoncés chez les autres personnages du récit.

Donne ton avis

16 Aurais-tu choisi la morale énoncée dans le dernier paragraphe ? Après l'avoir expliquée en utilisant le récit, dis ce que tu en penses.

Étape 5 • Repérer les défauts visés

SUPPORT : L'ensemble des fabliaux

OBJECTIF : Comprendre le regard porté par les conteurs sur les personnages.

L'importance de l'apparence physique

1 Retrouve la particularité physique des personnages évoqués ainsi par le narrateur :
– « Aucun d'entre eux n'avait de valet pour les guider et les conduire ou leur enseigner le chemin. Chacun d'eux avait une sébile. »
Ce sont des ....
– « Une tête énorme, une vraie hure, pas de cou, de grosses épaules remontées. Vraiment nature l'avait bien mal façonné ! »
C'est un ....

2 Comment l'homme décrit comme une franche canaille qui avait une grosse tête carrée et dont le visage ressemblait à de la viande de vache grasse s'appelle-t-il ?

3 Relève toutes les expressions qui décrivent Raoul, « le vilain au buffet ».

Les particularités morales

4 Complète le tableau en indiquant pour quel défaut chacun des personnages est puni.

Personnage	Défaut sanctionné
Le mari bossu	
Gervais, le prévôt	
Le prêtre dénoncé par le pauvre clerc	
Le sénéchal donnant une buffe à Raoul	
Le prêtre propriétaire de Brunain, la vache	

5 Trouve dans quel fabliau un excès de gourmandise est fait :
– par une femme mariée ;
– par un prêtre qui se met debout sur sa mule.

6 Explique en quelques mots comment la bêtise d'un père et d'un fils bourgeois est ridiculisée dans *Estula*.

7 Dans *Les trois aveugles de Compiègne*, quelles sont les deux péripéties qui montrent l'esprit rusé du clerc ?

Un aperçu de la société médiévale

8 Pour gagner dans cette société, il vaut mieux être :
☐ courageux
☐ rusé
☐ peureux

Les défauts physiques apportent :
☐ pitié
☐ sympathie
☐ indifférence

9 Une seule de ces caractéristiques n'est pas punie dans les fabliaux. Laquelle ?
☐ la gourmandise
☐ la jalousie
☐ la bêtise
☐ la naïveté
☐ l'avarice

Faire le bilan

10 De qui et de quoi se moque-t-on dans les fabliaux ? Peux-tu dire qui est principalement visé et qui est épargné ?

Donne ton avis

11 Dans les fabliaux, une grande disproportion existe entre la punition excessive du prévôt à l'aumusse et l'absence complète de punition des deux frères dans *Estula*.
Rédige un petit paragraphe dans lequel tu expliqueras comment se termine chacun des deux fabliaux ; tu tenteras ensuite de dire pourquoi la punition n'est pas la même pour tous les voleurs.

Étape 6 • Étudier les sources du rire

SUPPORT : L'ensemble des fabliaux

OBJECTIF : Retrouver les différents types de comiques dans les fabliaux.

Le comique de mots

1 Explique les jeux de mots utilisés dans certains fabliaux en complétant les phrases suivantes.
– Quand un chien porte le nom de ...., ce qui ressemble à la question : « .... ? », le rire se déclenche, surtout si un humain répond : « .... », comme s'il était le ....
C'est ce qui arrive dans le fabliau *Estula*.
– Quand la vieille prend un morceau de .... pour graisser la .... du chevalier, elle prend l'expression au sens .... alors qu'il fallait la comprendre au sens .... : elle aurait dû parler au chevalier en .... Le lecteur rit de la .... de la vieille.
– Dans *Le vilain au buffet,* le jeu de mots repose sur l'homophonie entre .... et ...., joint au verbe *prêter* qui laisse penser que *l'on* ne garde pas mais que l'on .... quand on a fini ! Et la morale pourrait être : « Tel est pris qui .... ».

2 Parfois, c'est une certaine familiarité de langage qui nous fait rire : relèves-en un exemple dans *Les perdrix* et un autre dans *Le vilain au buffet*.

Le comique de gestes et de situation

3 Les coups, accablant celui qui est considéré comme coupable et antipathique, font rire.
– Dans quel fabliau le personnage qui se rend coupable de vol est-il battu à mort par les écuyers ?
– Dans quel fabliau le personnage meurt-il du coup de pilon qu'il reçoit ?
– Dans quel fabliau est-ce une gifle donnée et retournée qui provoque le rire ?

4 Dans le tableau suivant, coche pour chacun de ces fabliaux la situation qui provoque le rire.

Titre	Quiproquo	Répétition de gestes	Situation non conforme aux mœurs correctes
Le pauvre clerc			
Estula			
La vieille qui graissa la main du chevalier			
Les trois bossus			
Le prêtre qui mangea les mûres			

Le comique de caractère : défauts et manie

5 Coche la bonne réponse dans les phrases suivantes.
– Elle est vieille et pauvre. Elle est si naïve qu'elle frotte la main d'un homme avec du lard gras dans ☐ *La vieille qui graissa la main du chevalier*, ☐ *Le prêtre qui mangea les mûres*, ☐ *Estula*.
– Ils croient, au sens propre, tout ce que le prêtre leur raconte. Leur foi naïve est finalement récompensée dans ☐ *Le prêtre qui mangea les mûres*, ☐ *Estula*, ☐ *Brunain, la vache au prêtre*.
– Le clerc est tellement rusé qu'il trompe tout son monde, hôte, prêtre ou malheureux, dans ☐ *Le pauvre clerc*, ☐ *Les trois aveugles de Compiègne*.

Faire le bilan

6 Montre que plusieurs sortes de comiques peuvent se côtoyer dans un même fabliau, en complétant ce tableau.

Titre des fabliaux	Comique			
	de mots	de gestes	de situation	de caractère
Les trois bossus		X	X	X
Estula				
Les perdrix				
Le vilain au buffet				
Le prêtre qui mangea les mûres				

À toi de jouer

7 Réécris sous la forme d'un dialogue de théâtre le fabliau *Le vilain au buffet*. Indique dans des didascalies (indications de mise en scène) les gestes qui peuvent faire rire. Apprends le texte avec des camarades et pense à une mise en scène. Ton but : faire rire.

Étape 7 • Exploiter les informations de l'enquête

SUPPORT : Comment se nourrissait-on au Moyen Âge ? (page 78)

OBJECTIF : Rechercher des renseignements dans un document pour compléter ce que les fabliaux nous apprennent au sujet de la nourriture et des repas au Moyen Âge.

As-tu bien lu ?

1 Dans *Estula*, les deux frères sont « mourants de soif et de faim », car ils sont pauvres. Pour quelle autre raison les gens avaient-ils souvent faim au Moyen Âge ?
☐ parce qu'ils n'aimaient pas beaucoup manger
☐ parce qu'ils voulaient « garder la ligne » et rester minces
☐ parce qu'ils respectaient les contraintes religieuses

2 Dans *Le prévôt à l'aumusse*, on voit qu'un chevalier doit manger avec le prévôt et partager avec lui son écuelle. Pourquoi ? Cela est-il normal ? Comment est-on installé à table au Moyen Âge ?

3 Dans *Les trois bossus*, le maître de maison régale les trois bossus de pois au lard et de chapons. Est-ce que l'on mangeait tous les jours la même chose ?

Riches et pauvres

4 Dans le fabliau *Les perdrix*, la dame cuit les perdrix à la broche, c'est-à-dire les rôtit. Quelle est la situation sociale de cette dame, puisqu'elle peut rôtir sa viande ?

5 Dans *Le pauvre clerc*, « la servante dispose sur un plat du porc qu'elle a tiré du pot ». Quelle est la situation sociale de la maîtresse de cette servante qui a bouilli sa viande ?

6 Compare la situation des riches et celle des pauvres face à la nourriture :

	Chez les pauvres	Chez les riches
Quelles étaient les contraintes religieuses ?		
Dans quelle pièce faisait-on à manger ?		
Quels ustensiles utilisait-on à la cuisine ?		
Comment s'installait-on à table ?		
Quelles épices utilisait-on ?		

7 Dans *Le prévôt à l'aumusse*, le prévôt respecte-t-il les bonnes manières à table ? Que fait-il de condamnable ?

8 À qui les conseils écrits au sujet des bonnes manières à table étaient-ils essentiellement destinés ?
☐ aux enfants des paysans
☐ aux enfants des nobles
☐ à tous les enfants

9 Quels qualificatifs attribuait-on à celui qui ne se conformait pas aux bonnes manières à table ?

Le raffinement

10 Des pois au lard sont servis à Noël dans le fabliau *Les trois bossus* et lors d'un jour de fête dans *Le prévôt à l'aumusse*.
Ces jours de fête sont dits « jours gras ». On y servait aussi des poissons. Lesquels ?
Au contraire, les jours où l'on fait « maigre », comme dans un dîner de Carême, quels aliments a-t-on le droit de manger et lesquels sont interdits ?

11 Les couleurs avaient une grande importance dans la présentation des plats. Relie par une flèche la couleur du mets et le produit utilisé pour le colorer.

blanc •   • tournesol
jaune •   • herbes
rouge •   • gingembre ou ail
vert •   • safran ou œuf

Faire le bilan

12 Dans les fabliaux, on parle souvent de nourriture. Dans l'enquête, tu as pu découvrir que tous les gens ne mangent pas la même chose : le pot, c'est pour les .... et le rôt, c'est pour les .... ; qu'on ne mange pas chacun dans son assiette mais que l'on .... si bien qu'il est nécessaire de respecter les conseils de .... à table.

Donne ton avis

13 Pour le journal de ton collège, tu écris un petit article présenté comme l'interview d'un cuisinier d'une riche maison médiévale.
Tu exploiteras à ta guise les éléments de l'Enquête.

Jeux de mots pour rire :
groupement de documents

OBJECTIF : Comparer des documents qui utilisent les jeux de mots pour faire rire.

DOCUMENT 1 RAYMOND DEVOS, *Sketches*, « Ouï dire », éd. Olivier Orban.

Tu as vu qu'une des sources du rire dans les fabliaux est le jeu de mots. Raymond Devos, humoriste contemporain (1922-2006), a lui aussi joué avec les mots presque jusqu'au non-sens. C'est le cas du sketch « Ouï dire ».

Il y a des verbes qui se conjuguent très irrégulièrement.
Par exemple, le verbe « OUÏR ».
Le verbe ouïr, au présent, ça fait :
J'ois... j'ois...
Si au lieu de dire « j'entends », je dis « j'ois », les gens vont penser que ce que j'entends est joyeux alors que ce que j'entends peut être particulièrement triste.
Il faudrait préciser : « Dieu, que ce que j'ois est triste ! »
J'ois...
Tu ois...
Tu ois mon chien qui aboie le soir au fond des bois ?
Il oit...
Oyons-nous ?
Vous oyez...
Ils oient.
C'est bête !
L'oie oit. Elle oit, l'oie !
Ce que nous oyons, l'oie l'oit-elle ?
Si au lieu de dire « l'oreille » on dit « l'ouïe », alors : l'ouïe de l'oie a ouï.
Pour peu que l'oie appartienne à Louis :
« L'ouïe de l'oie de Louis a ouï. »
« Ah oui ? Et qu'a ouï l'ouïe de l'oie de Louis ? »
« Elle a ouï ce que toute oie oit... »
« Et qu'oit toute oie ? »

« Toute oie oit, quand mon chien aboie
le soir au fond des bois,
toute oie oit : ouah ! ouah !
Qu'elle oit, l'oie !... »

Au passé, ça fait :
J'ouïs...
J'ouïs !
Il n'y a vraiment pas de quoi !

DOCUMENT 2 JEAN-LOUIS FOURNIER et GILLES GAY, *La Noiraude*,
« La biche », éd. Stock.

*Jean-Louis Fournier, en écrivant ce texte, a imaginé un vétérinaire au téléphone.
Tu vas retrouver dans « La biche » des procédés comiques que tu connais déjà...*

– Allô.
– Bonjour Docteur, la Noiraude à l'appareil...
– Bonjour la Noiraude, qu'est-ce qui ne va pas encore ?
– Je voudrais être une biche.
– Voilà une drôle d'idée, la Noiraude, pourquoi une biche ?
– Je voudrais vivre dans un conte de fées, il n'y a jamais de vache dans les
contes de fées et c'est pas juste.
– Vous savez, la Noiraude, que les biches sont poursuivies par les chasseurs,
pas les vaches...
– Je voudrais être une biche, je me transformerai en princesse quand arri-
vera le prince charmant.
– Vous lisez trop, la Noiraude, revenez un peu à la réalité.
– Les vaches ne se transforment jamais en princesse...
– Les biches non plus, ce sont des histoires inventées.
– Je voudrais être une biche pour être dans les tableaux. Il n'y a jamais de
vache dans les tableaux, c'est pas juste ! Nous sommes tout juste bonnes

pour être sur les boîtes de camembert... Et puis on dit toujours « tu as de beaux yeux de biche », jamais « tu as de beaux yeux de vache ».

– C'est vrai, la Noiraude, vous avez d'autres qualités : pensez au lait, au beurre, à la crème, au fromage, au yaourt...

– J'en ai assez d'être une crèmerie, je voudrais exister pour moi-même...

– Dites, la Noiraude, vous savez qu'on trouve des tableaux où vous êtes représentées...

– Où sont-ils exposés ?

– Mais dans les boucheries...

– Ce sont des endroits que je ne fréquente pas.

Je suis végétarienne, moi !

DOCUMENT 3 *Publicité de voyages-sncf.com.*

L'image publicitaire peut elle aussi exploiter les jeux de mots. C'est le cas de cette photo proposée par voyages-sncf.com.

As-tu bien lu ?

1 Document 1. *Ouï dire* : Quel mot est le point de départ de tous les jeux de mots du texte ?

2 Document 2. *La biche* : Quel est le rêve de la Noiraude ? Pourquoi est-ce impossible ?

Des procédés comparables pour déclencher le rire

3 Dans les deux textes, on joue sur les mots. Relève au moins un jeu de mots dans chacun des textes.

4 À quelle ligne du document 1 découvre-t-on que l'auteur fait des jeux de mots ? À quelle ligne du document 2 comprend-on que c'est une vache qui veut devenir une biche ? Quel effet déclenche alors le rire ?

5 Les deux textes se terminent de façon inattendue, par une chute. Explique ce qui est inattendu à la fin de chaque texte.

Les spécificités de chaque texte

6 La disposition particulière du texte du document 1 permet :
☐ de mettre en évidence certains mots
☐ de faire croire que le texte est long
☐ de donner des indications de lecture

7 Le texte du document 2 est un .... entre la Noiraude et un ...., ce qui est .... sachant que la Noiraude est une .... Il s'agit de comique de ....

8 Quelle phrase la Noiraude répète-t-elle plusieurs fois ? Cette façon de répéter la même chose participe du comique de ....

Lire l'image

9 Avec quel nom de ville célèbre le nom écrit sur la pancarte peut-il se confondre ?

10 Quel message publicitaire proposé par voyages-sncf.com cette image fait-elle passer ?

11 Quel procédé est utilisé ici pour faire rire et retenir l'attention ?

À toi de jouer

12 Imagine un dialogue téléphonique comique entre la Noiraude et le Docteur : elle demande de faire du vélo, du tennis, de la voile… ou tout autre sport !

Un contraste domine la représentation que l'on se fait de la société médiévale, celui des affamés, mendiants ou paysans, face aux repus, seigneurs ou moines gras. Les fabliaux nous confortent passablement dans ce sens. Faut-il donc en déduire que certains mouraient de faim tandis que d'autres ripaillaient et buvaient à outrance ? La réalité de l'époque était de fait plus complexe.

L'ENQUÊTE

Comment se nourrissait-on au Moyen Âge ?

1 Pourquoi ne mangeait-on pas à sa faim ? 80

2 Où faisait-on à manger ? 82

3 Comment était-on installé pour manger ? 84

4 Que mangeait-on ? 87

5 À table ! 89

L'ENQUÊTE EN 5 ÉTAPES

Pourquoi ne mangeait-on pas à sa faim ?

On pense au Moyen Âge comme à une époque où la famine tortu-
rait les hommes, tributaires pour leur alimentation des condi-
tions climatiques et de la qualité des récoltes... en cela, on n'a
pas tout à fait tort ! Les gens avaient très souvent faim, mais la
disette n'était pas seule responsable, la religion y était aussi
pour beaucoup. En effet, elle imposait à tous des règles alimen-
taires très strictes, des jeûnes qui pesaient par leur répétition et
finissaient par trouver compensation dans des débordements
inverses de festins et beuveries.

● L'INFLUENCE DES SAISONS

L'alimentation était rigoureusement liée aux saisons : la nourriture était abondante de la fin du printemps à l'automne, si des intempéries ne sévissaient pas. L'hiver était marqué par une grande frugalité rompue par des festins que seuls les riches pouvaient offrir.

● LES INTERDITS ET RESTRICTIONS

Certains aliments étaient défendus par l'Église, comme la viande de cheval ou celle des animaux morts par étouffement ou dans un piège.
D'autres aliments, comme la viande, les laitages ou les œufs, étaient interdits un jour sur trois. On était alors obligé de manger du poisson et des légumes, puisque la règle s'appliquait toute l'année le vendredi et le samedi, voire même le mercredi et pendant les 46 jours du carême. Quand on sait que loin d'une rivière ou de la mer, l'approvisionnement en poisson était bien difficile, on peut imaginer les carences alimentaires et caloriques des gens !

Le carême

Le carême est une période située entre le mercredi des Cendres (ce jour-là a lieu un rite : « l'imposition des cendres », où l'on se couvre de cendres en signe de pénitence et de deuil) et la veille de Pâques.

● LES JEÛNES

Environ 70 jours par an étaient « jeû-nés », c'est-à-dire que, ces jours-là, on ne faisait qu'un repas dans la jour-née. On pouvait tout de même man-ger un petit en-cas… si on mourait de faim, et boire du vin !

Les malades, les femmes enceintes, les nourrices, les pauvres, les très jeunes et les très vieux n'étaient pas tenus de jeûner.

● LES JOURS « GRAS »

On peut comprendre, dans ces condi-tions, le désir de manger plus que de raison dès qu'on le pouvait ! On oppo-sait donc les jours « gras » où chacun pouvait manger à sa guise aux jours « maigres ». Et toutes les occasions étaient bonnes pour faire bombance, comme Carnaval et Mardi Gras entre deux périodes de jeûne ou les fêtes des Saints-Patrons.

Le menu gras des moines

On dit familièrement « être gras comme un moine », et cette expression peut se justifier au Moyen Âge car, dans certains monastères, la nourriture était variée et abondante. Ainsi, dans l'abbaye de Saint-Germain-des-Prés, au IXe siècle, c'était « gras » 79 jours par an ! Ces jours-là, chaque moine recevait 2 kg de pain, 3 litres de vin ou de bière, 110 g de fromage et 300 g de légumes secs (soit 8 000 calories/jour) !

Comment abstinence est cause de plusieurs biens, *miniature extraite du* Livre de bonnes mœurs *de Jacques Legrand (1490, Chantilly, musée Condé).*

Où faisait-on à manger ?

Des différences très nettes apparaissent entre la noblesse et le peuple lorsque l'on considère les lieux où l'on cuisinait et les ustensiles que l'on utilisait. Certaines différences ne sont pas une question de richesse mais seulement de position sociale. À la campagne, par exemple, le paysan n'avait pas de four chez lui parce qu'il était tenu de cuire son pain dans le four du seigneur, qui s'en réservait la construction et les taxes qu'il prélevait pour permettre la cuisson !

● LA CUISINE DES PAUVRES

Chez les pauvres, surtout à la campagne, la cuisine est rudimentaire. Installé dans la pièce principale ou unique, il n'y a qu'un foyer, qui sert aussi bien à se chauffer qu'à cuisiner. Il est souvent ouvert, placé à même le sol, parfois sur une dalle de pierre ou de brique, au centre de la pièce. La fumée qui s'en échappe sort par la porte ou les fenêtres, quelquefois par un trou pratiqué dans le toit. Pas de four... on devait utiliser celui du seigneur.

● LA CUISINE DES RICHES

Chez les « grands », la cuisine est nettement séparée des autres pièces (depuis le Xe siècle ; il arrivait même que la cuisine se trouve dans un bâtiment en bois extérieur à la maison), non pas tant par recherche du confort que par crainte du feu. Le foyer est également beaucoup plus grand et est parfois composé de plusieurs parties permettant plusieurs cuissons différentes en même temps.

Comment manger chaud ?

Si la cuisine était trop éloignée du lieu du repas, on couvrait les mets à transporter, ou bien on faisait aménager une galerie couverte, ou encore on disposait des réchauds près de la cheminée de la salle à manger pour réchauffer les plats. Manger chaud était un luxe.

● LES USTENSILES DE CUISINE

Dans le foyer, on plaçait un trépied pour poser les pots ou une crémaillère pour accrocher le chaudron.

Dans une maison paysanne, on trouvait des pots et des marmites en terre, de formes variées et parfois une poêle ; on n'y faisait que trois types de cuisson : ébullition, cuisson lente, dite « à l'étouffée » et friture. On disposait de toutes sortes d'ustensiles en bois, comme les écuelles, les cuillères ou des plats de conservation, parfois un mortier en pierre (pour broyer les épices).

Dans une maison riche, le nombre et la variété des ustensiles augmentent (moules à pâtisserie, fer à gaufres...) et les matériaux utilisés pour leur fabrication sont plus chers (cuivre, étain, bronze, argent...). Dans la cheminée, on trouvait une broche, une lèche frite, qui indique une autre manière de cuisiner, signe de prestige social : le « rôt ».

🥄 Préparation des viscères, *miniature extraite du traité de médecine et diététique* Tacuinum sanitatis *(vers 1370, Vienne, Österreichischen Nationalbibliothek).*

3 Comment était-on installé pour manger ?

« Mettre la table » est une expression à prendre au sens littéral au Moyen Âge : en effet, dans les milieux aisés, on installait une planche de bois sur des tréteaux, juste avant le repas. Quand nappe et couverts étaient posés, les convives pouvaient prendre place, chacun selon son rang. On rangeait tout, table et tréteaux, après le repas. Dans les milieux pauvres, on se passait de table, on mangeait simplement sur ses genoux ! Mais que l'on soit riche ou pauvre, on mangeait toujours à deux dans une même écuelle.

● **LA TABLE**

Une fois la table dressée, on disposait dessus des tranchoirs, des couverts, cuillers et couteaux, des écuelles et des gobelets. Les autres objets, comme la salière ou le pot à vin, étaient placés ensuite ou présentés à la demande.

Seul le maître de maison, prince ou seigneur, avait son couvert personnel complet. Les autres partageaient tranchoirs, gobelets et écuelles à deux. On partageait même avec un inconnu ! Il fallait donc respecter un certain nombre de règles préétablies.

Comment utilisait-on le tranchoir ?

On prenait la viande ou d'autres mets avec les doigts dans le plat de service et on les posait sur le tranchoir, plaque de métal précieux, d'étain, de bois ou plus souvent morceau de pain rassis.

● USAGES ET (BONNES) MANIÈRES À TABLE

Les plats sont servis « à la française », tous les mets d'un même service sont servis ensemble, chaque convive n'ayant accès qu'aux plats posés immédiatement devant lui, en fonction de son importance dans le banquet. Ils peuvent être servis « à la russe », les plats sont alors mis successivement sur la table.

Des manuels de civilité indiquaient aux personnes l'attitude à avoir pendant les repas : on conseille « de ne pas se moucher dans la nappe » (qui servait à s'essuyer les doigts après les avoir trempés dans un rince-doigt) ou « de ne pas roter bruyamment ». On comprend que le partage du tranchoir obligeait à certaines attitudes : « ne crache pas dans le tranchoir, ne remets pas les os rongés ou les aliments entamés ou repoussés ». On ne doit pas non plus se servir des meilleurs morceaux et, si l'on partage son tranchoir avec une dame, il faut « couper la viande pour elle, garder une distance courtoise, ne pas s'approcher excessivement ou encore ne pas la regarder dans les yeux mais préférer regarder la nourriture ou ses mains pour qu'elle n'ait pas honte ».

Les propos tenus à table ont aussi leur importance, pour éviter d'indisposer les convives, on doit être enjoué et ne pas attrister : « durant le temps où les autres mangent, ne donne pas de nouvelles angoissantes, dis des paroles sereines ».

Miniature extraite du Livre des Conquestes et Faits d'Alexandre *(vers 1450, Paris, musée du Petit Palais).*

Les bonnes manières pour les enfants de la Cour

Gobelet en argent (vers 1360, Paris, musée du Louvre).

À table, montre-toi correct
Courtois, paré, gai, dispos et affable,
Ne te montre pas pensif ou grave ; tu
ne dois pas te vautrer,
Ni croiser les jambes, ni te tortiller ou
t'affaler.

Ne te remplis pas la bouche, ne sois
pas trop affamé.
Le glouton qui mange avidement, qui
mange à pleine bouche
Si on venait à l'appeler, il répondrait
avec peine.

Quand tu as soif,
Avale d'abord ce que tu manges,
essuie-toi bien la bouche puis bois.
Le glouton qui boit goulûment avant
d'avoir le gosier vide
Dégoûte son compagnon de table qui
boit avec lui.

Quand tu manges avec une cuiller, tu
ne dois bruyamment siroter.

Si tu éternues
Ou si te prend la toux...
Pense à être courtois ; détourne-toi
Pour ne pas postillonner sur la table.
Tu ne dois pas regarder dans
l'assiette d'autrui, si ce n'est pour
t'instruire.

Ne farfouille pas partout
Dans les œufs ou autres plats du
même genre.
Qui, dans son écuelle, fouille,
trifouille et farfouille
Est un rustre, et dégoûte son voisin
de table.

Qui veut se moucher à table, avec ses
mouchoirs se nettoie
Celui qui mange ou qui sert ne doit
pas se moucher avec les doigts ;
Qu'avec une serviette il se nettoie.

Tu ne dois pas mettre les doigts dans
les oreilles, ni te gratter la tête avec
les mains.

Tu ne dois pas te fourrer les doigts
dans la bouche pour te curer les
dents.
Tu ne dois pas te lécher les doigts ;
Celui qui se fourre les doigts dans la
bouche se les nettoie salement.
Celui qui fourre ses doigts poisseux
dans la bouche
Ne les rend pas plus propres, mais
plus crasseux.

S'il te faut parler, ne le fais pas la
bouche pleine.

Bonvesin de la Riva,
*Les Cinquante Contenances
de table* (extrait),
Italie, XIIIe siècle.

Que mangeait-on ?

On ne peut pas connaître facilement le régime alimentaire de la majeure partie de la population, puisque les pauvres n'ont pas laissé d'archives ou de comptes de cuisine. Les livres de cuisine nous révèlent seulement ce que mangeaient les riches ! Ce que nous pouvons cependant retenir ce sont les points communs existant entre les goûts des uns et des autres, dans les saveurs que tous appréciaient.

● LES REPAS DES BOURGEOIS

Les repas étaient très copieux. On servait successivement des pâtés et des saucisses, puis des « potages », des viandes et des poissons en sauce : porc, lapin, ensuite des rôts : petit gibier et volailles diverses (oies, chapons, canards), enfin des desserts : fromages et amandes, poires, dragées, noix. Du vin, surtout du vin blanc considéré comme le vin noble, et du pain accompagnaient tout le repas.

● L'ATTRAIT DES ÉPICES

À cette époque, on nomme épices tout ingrédient qui modifie ou améliore un plat : le poivre, le safran, le clou de girofle, mais aussi les amandes, l'oignon ou le sucre. Mais, fondamentalement, les épices les plus rares sont les plus utilisées : le gingembre, le safran, la cannelle et le clou de girofle.

Tous les apprécient, et c'est le choix de telle ou telle épice qui va marquer la différence sociale : ainsi, le poivre, épice chère mais courante, va disparaître des tables royales pour être remplacé par « le poivre long » et « la graine de paradis », épices très coûteuses d'origines lointaines.

On met des épices dans tous les plats, même dans les desserts, dans le vin. Les quantités sont savamment dosées. Harmonieusement mélangées entre elles, toutes ces épices vont donner à chaque plat une saveur précise.

● LES SAVEURS

La cuisine médiévale offre des mélanges de saveurs très élaborés.

Même si la cuisine dite « toute prête » ne nous donne aujourd'hui le choix qu'entre deux saveurs, le salé ou le sucré, ou, pire, aucun choix, comme dans la restauration rapide qui mélange une viande salée à une sauce sucrée, nous savons parfaitement reconnaître deux autres saveurs : l'amer et l'acide.

La cuisine médiévale exploitait toutes ces saveurs et poussait très loin le raffinement dans chacune d'elles : on choisissait, par exemple, de donner une saveur sucrée à un plat en lui ajoutant du sucre, mais si on préférait une saveur suave, on ajoutait du miel...

Les sauces pouvaient être salées, mais également de saveur amère, acide, acre ou poivrée et pourquoi pas aigre-douce.

● LES COULEURS

Enfin la cuisine du Moyen Âge était une cuisine de couleurs. Chaque sauce, chaque plat, chaque mets devait avoir une couleur qui le distinguait, qui le rendait unique et reconnaissable. On utilisait à cet effet des produits très divers.

Description des vertus du miel, *miniature extraite du traité de médecine et diététique* Tacuinum sanitatis *(vers 1370, Vienne, Österreichischen Nationalbibliothek).*

Les couleurs de la cuisine

Pour obtenir la couleur rouge, on utilisait le tournesol ; pour le vert, on ajoutait des herbes ; pour le jaune, on mettait du safran ou des œufs ; pour le blanc, on se servait de gingembre ou d'ail.
Le plaisir des yeux était tout aussi important que celui du palais.

5 À table !

La cuisine médiévale n'était pas, comme l'ont pensé certains, une « multiplicité rebutante de ragoûts, qui n'étaient différenciés que par les noms bizarres qui leur étaient assignés » mais véritablement une gastronomie élaborée, car, que l'on soit rustre ou grand seigneur, clerc ou bourgeois, le bien manger faisait partie intégrante de la vie, de la fête et du plaisir de vivre. Menus et recettes peuvent nous convaincre.

● MENUS TYPES DU *MÉNAGIER DE PARIS* (1393)

Dîner de jour gras	Dîner de carême
1re assiette : vin de Grenache et rôties, pâtés de veau, pâtés de pimperneaux, boudins et saucisses. *2e assiette* : civé de lièvre et côtelettes, pois coulés, salaison et grosse chair, soringue d'anguilles et autre poisson. *3e assiette* : rôt = lapins, perdrix, chapons, etc., lus, bars, carpes et un potage écartelé. *4e assiette* : oiseaux de rivière à la dodine, riz engoulé, bourrée à la sauce chaude et anguilles renversées. *5e assiette* : pâtés d'alouettes, rissoles, lait lardé, flans sucrés. *6e assiette* : poires et dragées, nèfles et noix pelées. Hippocras et le métier.	*1er mets* : pommes cuites, figues grasses, vin de Grenache, cresson et soret, pois coulés, alose, anguilles salées, harengs et crapois, brouet blanc sur perches, et seiches frites au gravé. *2e mets* : poisson d'eau douce le meilleur possible et poisson de mer, bourrés à la sauce chaude, tanches aux soupes, écrevisses, pâtés de brêmes et plies cuites à l'eau. *3e mets* : fromentée au marsouin, pâtés nordiques et maquereaux rôtis, pimperneaux rôtis et crêpes, huîtres, seiches frites avec des brochets en biscuit.

Irson d'amandes (= hérisson d'amandes)

« Pour faire irson d'amandes pour quatre plas, broyés les amandes en ung mortie
environ quatre livres, et les passés en une estamine avec ung peu d'eaue chaulde, e
que l'amande soit assés espès et y mettés en une estamine ou sur une toille neufve
le laissés refroidir, et le mettés en platz en façon de coing de beurre, et puis prené
des plus belles amandes et les fendés par la moytié, et chescune moitié fendés en
troys parties du long, et en jaunissés la moytié en saffran, et puis plantés en belles
rangés parmy le long, et puis prenés du lait, quant vous vouldrés servir, et qui ne
touche point dedens les amandes quasi mys dedens. »

Gravure du frontispice pour
Le Viandier de Taillevent
(Guillaume Tirel, dit Taillevent
ou Taillevant, cuisinier français,
1310-1395) (Milan, collection
particulière).

● RECETTE EXTRAITE DU *VIANDIER DE TAILLEVENT* (XIIIᵉ SIÈCLE)

Recette du Hérisson d'amandes (modernisée par Liliane Plouvier et Élise Bellec)	
Ingrédients	**Façons**
250 g d'amandes en poudre 250 g de sirop de canne 150 g de crème de riz ou de semoule fine de blé Quelques filaments de safran 2 clous de girofle Une baie de laurier 2 amandes entières non épluchées Amandes effilées et rôties Une coulée de lait	Mélangez les amandes en poudre avec le sirop en les chauffant légèrement. Colorez au safran. Ajoutez la crème de riz (ou la semoule de blé). Elle facilite le travail de la pâte et évite que celle-ci ne colle aux doigts. Vous lui donnerez alors la forme d'un hérisson. C'est très facile ; il suffit de faire une boule qu'on amincit à l'extrémité pour figurer une tête. Plantez-lui deux clous de girofle en guise d'oreilles et une baie de laurier en guise de museau ; piquez le « corps » avec les amandes effilées et dorées. Disposez le hérisson d'amandes sur un petit socle que vous placez au milieu d'une écuelle. Entourez-le de lait.

Petit lexique des fabliaux

Aumusse	Sorte de capuchon fourré qui protégeait la tête.
Bure	Étoffe de grosse laine.
Caricature	Dessin ou écrit visant à se moquer de quelqu'un ou de quelque chose, en déformant de façon excessive et grotesque certains traits physiques ou psychologiques.
Clerc	Étudiant rattaché à l'Église.
Écot	Somme d'argent dû, salaire.
Écuelle	C'était l'assiette dans laquelle on mangeait à deux.
Escarcelle	Porte-monnaie pendu à la ceinture.
Hanap	Gobelet pour boire à haut pied, au Moyen Âge.
Latrines	« Toilettes », l'équivalent de nos w.-c.
Liesse	Joie. On dit que la foule est en liesse, en joie.
Ménestrel	Musicien ambulant.
Office	Synonyme de « messe ».
Portefaix	Homme chargé de porter les fardeaux.
Prévôt	Officier seigneurial chargé de maintenir l'ordre et de faire respecter la justice du seigneur.
Quiproquo	Situation dans laquelle on prend une personne ou une chose pour une autre.
Sénéchal	Officier royal ou seigneurial, équivalent d'un bailli chargé de missions administratives.
Sens figuré	C'est la signification imagée d'un mot pris dans un sens abstrait et non plus concret comme dans le sens propre.
Sire	Nom que l'épouse donne à son mari (différent de « triste sire » : homme peu recommandable).
Truffe	Pièce, représentation.
Vilain	Paysan.
Vilenie	Acte mauvais, méchant.

lire et à voir

● **DES LIVRES POUR LIRE DES FABLIAUX ET DES CONTES**

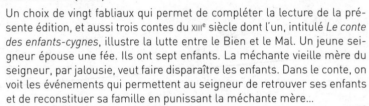

Fabliaux et contes moraux du Moyen Âge
LE LIVRE DE POCHE (1987)

> Un choix de vingt fabliaux qui permet de compléter la lecture de la présente édition, et aussi trois contes du XIIIe siècle dont l'un, intitulé *Le conte des enfants-cygnes*, illustre la lutte entre le Bien et le Mal. Un jeune seigneur épouse une fée. Ils ont sept enfants. La méchante vieille mère du seigneur, par jalousie, veut faire disparaître les enfants. Dans le conte, on voit les événements qui permettent au seigneur de retrouver ses enfants et de reconstituer sa famille en punissant la méchante mère...

Gudule, Christophe Merlin
Petits contes gourmands
ÉDITIONS MILAN (2008)

> Dix contes d'origines très diverses parlant tous de nourriture avec des titres évocateurs : *Les galettes d'orge au miel* nous montre un moine un peu égoïste qui envoie un jeune moine à sa place pour mendier. Le jeune moine va se venger à sa façon grâce aux galettes d'orge. Il y a aussi *Les beignets de mangue verte* ou *La soupe au chou et au lard gras* !... Tout un programme !

● **DES ROMANS DE CHEVALERIE**

François Rabelais
Gargantua suivi de Pantagruel
FOLIO JUNIOR (2008)

> Un grand classique mis à la portée de tous. On est dans ce récit sans cesse au bord du conte, du fabliau et de la farce. Dans ces parodies de romans de chevalerie, on rit franchement avec les héros devenus des géants dominant le monde par leur taille.

Viviane Moore
Le Seigneur sans visage
Castor Poche (2005)

Le jeune Michel de Gaillardon arrive au château de la Roche Guyon pour faire son apprentissage de chevalier. Une série de meurtres vient perturber cet apprentissage. Prêt à tout pour protéger la belle Morgane, Michel fait le serment de percer le secret du seigneur sans visage...

● **DES FILMS POUR SE DIVERTIR AVEC LE MOYEN ÂGE**

Les Visiteurs
Film de Jean-Marie Poiré (1993)

Quand le comte Godefroy de Montmirail et son écuyer Jacquouille la Fripouille se trouvent transportés du XIIe au XXe siècle, c'est un sacré « binz » : les « chariottes » sur l'autoroute « puiirent », et les « petits-petits fillots » ne sont pas ce qu'ils devraient être. Alors « okay » : ces visiteurs nés il y a bien longtemps déclenchent le rire par leur parler et leurs actes !

Excalibur
Film de John Boorman (1981)

Avant de mourir, le roi Uther fiche dans un roc l'épée Excalibur qu'il a reçue de l'enchanteur Merlin pour unifier la terre. L'épée ne pourra être libérée que par la main de l'Élu, Arthur, enfant d'Uther et d'Ygraine, l'épouse du duc de Cornouailles. Bien des années plus tard, il parvient à extraire Excalibur de son rocher et à la brandir : il devient ainsi le nouveau roi de Grande-Bretagne. Grâce à sa grandeur d'âme, il réussit à créer une alliance autour de lui, et avec le soutien de ses chevaliers et de Merlin, et le royaume est de nouveau unifié. Puis il épouse Guenièvre et crée la confrérie des Chevaliers de la Table Ronde. Lorsque Lancelot et Guenièvre tombent amoureux, leur trahison envers Arthur entraîne le chaos...

● **DES BD HUMORISTIQUES SUR LE MOYEN ÂGE**

Peyo
Johan et Pirlouit
Dupuis

Cette collection propose une quinzaine de titres différents. On vit les aventures palpitantes des deux intrépides jeunes gens, Johan et Pirlouit, au temps des châteaux forts, des troubadours et autres ménestrels...

ble des illustrations

30   ph © Archives Hatier

43   ph © Giraudon/The Bridgeman Art Library

51   ph © RMN/Agence Bulloz

57   ph © Bibliothèque municipale de Cambrai/Archives Hatier

59   ph © Archives Hatier

76   © voyages-sncf.com

81   ph © Josse/Leemage

83   ph © Archives Alinari, Florence, Dist. RMN/Stefano Dulevant

85   ph © RMN/Agence Bulloz

86   ph © RMN/Martine Beck-Coppola

88   ph © Prisma Archivo/Leemage

90   ph © Costa/Leemage

      et 54 à 77 (tapisserie, vers 1475) ph © Archives Hatier

s'engage pour
l'environnement en réduisant
l'empreinte carbone de ses livres.
Celle de cet exemplaire est de :
250 g éq. CO_2
PAPIER À BASE DE   Rendez-vous sur
FIBRES CERTIFIÉES   www.hatier-durable.fr

Suivi éditorial : Raphaële Patout
Iconographie : Hatier Illustration
Illustrations intérieures : Rémi Malingrey
Principe de maquette : Marie-Astrid Bailly-Maître & Sterenn Heudiard
Mise en page : Compo 2000

Achevé d'imprimer en Italie par L.E.G.O. S.p.A. - Lavis (TN)
Dépôt légal: 93975-4/05 - mai 2015